LETTER TO HIS FATHER
BRIEF AN DEN VATER

4

LETTER TO HIS FATHER
BRIEF AN DEN VATER
Franz Kafka

TRANSLATION BY ERNST KAISER AND EITHNE WILKINS

SCHOCKEN BOOKS · NEW YORK

15 14 13 12 11   84 85 86 87

Copyright © 1953, 1954, 1966 by Schocken Books Inc.
Library of Congress Catalog Card No. 66–14874
Manufactured in the United States of America

This work is a translation of the German *Brief an den Vater*,
edited by Max Brod.

ISBN 0-8052-3144-7 (hardback)

ISBN 0-8052-0426-1 (paperback)

LETTER TO HIS FATHER
BRIEF AN DEN VATER

BRIEF AN DEN VATER

Liebster Vater,

Du hast mich letzthin einmal gefragt, warum ich behaupte, ich hätte Furcht vor Dir. Ich wusste Dir, wie gewöhnlich, nichts zu antworten, zum Teil eben aus der Furcht, die ich vor Dir habe, zum Teil deshalb, weil zur Begründung dieser Furcht zu viele Einzelheiten gehören, als dass ich sie im Reden halbwegs zusammenhalten könnte. Und wenn ich hier versuche, Dir schriftlich zu antworten, so wird es doch nur sehr unvollständig sein, weil auch im Schreiben die Furcht und ihre Folgen mich Dir gegenüber behindern und weil die Grösse des Stoffs über mein Gedächtnis und meinen Verstand weit hinausgeht.

Dir hat sich die Sache immer sehr einfach dargestellt, wenigstens soweit Du vor mir und, ohne Auswahl, vor vielen andern davon gesprochen hast. Es schien Dir etwa so zu sein: Du hast Dein ganzes Leben lang schwer gearbeitet, alles für Deine Kinder, vor allem für mich geopfert, ich habe infolgedessen "in Saus und Braus" gelebt, habe vollständige Freiheit gehabt zu lernen was ich wollte, habe keinen Anlass zu Nahrungssorgen, also zu Sorgen überhaupt gehabt; Du hast dafür keine Dankbarkeit verlangt, Du kennst "die Dankbarkeit der Kinder", aber doch wenigstens irgendein Entgegenkommen, Zeichen eines Mitgefühls; statt dessen habe ich mich seit jeher vor Dir verkrochen, in mein Zimmer, zu Büchern, zu verrückten Freunden, zu überspannten Ideen; offen gesprochen habe

LETTER TO HIS FATHER

Dearest Father,

You asked me recently why I maintain that I am afraid of you. As usual, I was unable to think of any answer to your question, partly for the very reason that I am afraid of you, and partly because an explanation of the grounds for this fear would mean going into far more details than I could even approximately keep in mind while talking. And if I now try to give you an answer in writing, it will still be very incomplete, because, even in writing, this fear and its consequences hamper me in relation to you and because the magnitude of the subject goes far beyond the scope of my memory and power of reasoning.

To you the matter always seemed very simple, at least in so far as you talked about it in front of me, and indiscriminately in front of many other people. It looked to you more or less as follows: you have worked hard all your life, have sacrificed everything for your children, above all for me, consequently I have lived high and handsome, have been completely at liberty to learn whatever I wanted, and have had no cause for material worries, which means worries of any kind at all. You have not expected any gratitude for this, knowing what "children's gratitude" is like, but have expected at least some sort of obligingness, some sign of sympathy. Instead I have always hidden from you, in my room, among my books, with crazy friends,

7

ich mit Dir niemals, in den Tempel bin ich nicht zu Dir gekommen, in Franzensbad habe ich Dich nie besucht, auch sonst nie Familiensinn gehabt, um das Geschäft und Deine sonstigen Angelegenheiten habe ich mich nicht gekümmert, die Fabrik habe ich Dir aufgehalst und Dich dann verlassen, Ottla habe ich in ihrem Eigensinn unterstützt und während ich für Dich keinen Finger rühre (nicht einmal eine Theaterkarte bringe ich Dir), tue ich für Freunde alles. Fasst Du Dein Urteil über mich zusammen, so ergibt sich, dass Du mir zwar etwas geradezu Unanständiges oder Böses nicht vorwirfst (mit Ausnahme vielleicht meiner letzen Heiratsabsicht), aber Kälte, Fremdheit, Undankbarkeit. Und zwar wirfst Du es mir so vor, als wäre es meine Schuld, als hätte ich etwa mit einer Steuerdrehung das Ganze anders einrichten können, während Du nicht die geringste Schuld daran hast, es wäre denn die, dass Du zu gut zu mir gewesen bist.

Diese Deine übliche Darstellung halte ich nur so weit für richtig, dass auch ich glaube, Du seist gänzlich schuldlos an unserer Entfremdung. Aber ebenso gänzlich schuldlos bin auch ich. Könnte ich Dich dazu bringen, dass Du das anerkennst, dann wäre—nicht etwa ein neues Leben möglich, dazu sind wir beide viel zu alt, aber doch eine Art Friede, kein Aufhören, aber doch ein Mildern Deiner unaufhörlichen Vorwürfe.

Irgendeine Ahnung dessen, was ich sagen will, hast Du merkwürdigerweise. So hast Du mir zum Beispiel vor kurzem gesagt: "ich habe Dich immer gern gehabt, wenn ich auch äusserlich nicht so zu Dir war wie andere Väter zu sein pflegen, eben deshalb weil ich mich nicht verstellen kann wie andere". Nun habe ich, Vater, im ganzen

8

or with extravagant ideas. I have never talked to you frankly; I have never come to you when you were in the synagogue, never visited you at Franzensbad, nor indeed ever shown any family feeling; I have never taken any interest in the business or your other concerns; I left the factory on your hands and walked off; I encouraged Ottla in her obstinacy, and never lifted a finger for you (never even got you a theater ticket), while I do everything for my friends. If you sum up your judgment of me, the result you get is that, although you don't charge me with anything downright improper or wicked (with the exception perhaps of my latest marriage plan), you do charge me with coldness, estrangement, and ingratitude. And, what is more, you charge me with it in such a way as to make it seem my fault, as though I might have been able, with something like a touch on the steering wheel, to make everything quite different, while you aren't in the slightest to blame, unless it be for having been too good to me.

This, your usual way of representing it, I regard as accurate only in so far as I too believe you are entirely blameless in the matter of our estrangement. But I am equally entirely blameless. If I could get you to acknowledge this, then what would be possible is—not, I think, a new life, we are both much too old for that —but still, a kind of peace; no cessation, but still, a diminution of your unceasing reproaches.

Oddly enough you have some sort of notion of what I mean. For instance, a short time ago you said to me: "I have always been fond of you, even though outwardly I didn't act toward you as other fathers generally do, and this precisely because I can't pretend as other people can." Now, Father, on the whole I have

9

niemals an Deiner Güte mir gegenüber gezweifelt, aber diese Bemerkung halte ich für unrichtig. Du kannst Dich nicht verstellen, das ist richtig, aber nur aus diesem Grunde behaupten wollen, dass die andern Väter sich verstellen, ist entweder blosse, nicht weiter diskutierbare Rechthaberei oder aber—und das ist es meiner Meinung nach wirklich—der verhüllte Ausdruck dafür, dass zwischen uns etwas nicht in Ordnung ist und dass Du es mitverursacht hast, aber ohne Schuld. Meinst Du das wirklich, dann sind wir einig.

Ich sage ja natürlich nicht, dass ich das, was ich bin, nur durch Deine Einwirkung geworden bin. Das wäre sehr übertrieben (und ich neige sogar zu dieser Übertreibung). Es ist sehr leicht möglich, dass ich, selbst wenn ich ganz frei von Deinem Einfluss aufgewachsen wäre, doch kein Mensch nach Deinem Herzen hätte werden können. Ich wäre wahrscheinlich doch ein schwächlicher, ängstlicher, zögernder, unruhiger Mensch geworden, weder Robert Kafka noch Karl Hermann, aber doch ganz anders, als ich wirklich bin, und wir hätten uns ausgezeichnet miteinander vertragen können. Ich wäre glücklich gewesen, Dich als Freund, als Chef, als Onkel, als Grossvater, ja selbst (wenn auch schon zögernder) als Schwiegervater zu haben. Nur eben als Vater warst Du zu stark für mich, besonders da meine Brüder klein starben, die Schwestern erst lange nachher kamen, ich also den ersten Stoss ganz allein aushalten musste, dazu war ich viel zu schwach.

Vergleich uns beide: ich, um es sehr abgekürzt auszudrücken, ein Löwy mit einem gewissen Kafkaschen Fond, der aber eben nicht durch den Kafkaschen Lebens-, Geschäfts-, Eroberungswillen in Bewegung gesetzt wird, sondern durch einen Löwy'schen Stachel, der geheimer, scheuer, in anderer Richtung wirkt und oft überhaupt

never doubted your goodness toward me, but this remark I consider wrong. You can't pretend, that is true, but merely for that reason to maintain that other fathers pretend is either mere opinionatedness, and as such beyond discussion, or on the other hand—and this in my view is what it really is—a veiled expression of the fact that something is wrong in our relationship and that you have played your part in causing it to be so, but without its being your fault. If you really mean that, then we are in agreement.

I'm not going to say, of course, that I have become what I am only as a result of your influence. That would be very much exaggerated (and I am indeed inclined to this exaggeration). It is indeed quite possible that even if I had grown up entirely free from your influence I still could not have become a person after your own heart. I should probably have still become a weakly, timid, hesitant, restless person, neither Robert Kafka nor Karl Hermann, but yet quite different from what I really am, and we might have got on with each other excellently. I should have been happy to have you as a friend, as a boss, an uncle, a grandfather, even (though rather more hesitantly) as a father-in-law. Only as a father you have been too strong for me, particularly since my brothers died when they were small and my sisters only came along much later, so that I alone had to bear the brunt of it—and for that I was much too weak.

. Compare the two of us: I, to put it in a very much abbreviated form, a Löwy with a certain basis of Kafka, which, however, is not set in motion by the Kafka will to life, business, and conquest, but by a Löwyish spur that impels more secretly, more diffidently, and in another direction, and which often fails to work entirely.

aussetzt. Du dagegen ein wirklicher Kafka an Stärke, Gesundheit, Appetit, Stimmkraft, Redebegabung, Selbstzufriedenheit, Weltüberlegenheit, Ausdauer, Geistesgegenwart, Menschenkenntnis, einer gewissen Grosszügigkeit, natürlich auch mit allen zu diesen Vorzügen gehörigen Fehlern und Schwächen, in welche Dich Dein Temperament und manchmal Dein Jähzorn hineinhetzen. Nicht ganzer Kafka bist Du vielleicht in Deiner allgemeinen Weltansicht, soweit ich Dich mit Onkel Philipp, Ludwig, Heinrich vergleichen kann. Das ist merkwürdig, ich sehe hier auch nicht ganz klar. Sie waren doch alle fröhlicher, frischer, ungezwungener, leichtlebiger, weniger streng als Du. (Darin habe ich übrigens viel von Dir geerbt und das Erbe viel zu gut verwaltet, ohne allerdings die nötigen Gegengewichte in meinem Wesen zu haben, wie Du sie hast.) Doch hast auch andererseits Du in dieser Hinsicht verschiedene Zeiten durchgemacht, warst vielleicht fröhlicher, ehe Dich Deine Kinder, besonders ich, enttäuschten und zu Hause bedrückten (kamen Fremde, warst Du ja anders) und bist auch jetzt vielleicht wieder fröhlicher geworden, da Dir die Enkel und der Schwiegersohn wieder etwas von jener Wärme geben, die Dir die Kinder, bis auf Valli vielleicht, nicht geben konnten. Jedenfalls waren wir so verschieden und in dieser Verschiedenheit einander so gefährlich, dass, wenn man es hätte etwa im voraus ausrechnen wollen, wie ich, das langsam sich entwickelnde Kind, und Du, der fertige Mann, sich zueinander verhalten werden, man hätte annehmen können, dass Du mich einfach niederstampfen wirst, dass nichts von mir übrigbleibt. Das ist nun nicht geschehen, das Lebendige lässt sich nicht ausrechnen, aber vielleicht ist Ärgeres geschehen. Wobei ich Dich aber immerfort bitte, nicht zu vergessen, dass ich niemals im entferntesten an eine Schuld Deinerseits glaube. Du wirktest so auf mich, wie Du wirken

You, on the other hand, a true Kafka in strength, health, appetite, loudness of voice, eloquence, self-satisfaction, worldly dominance, endurance, presence of mind, knowledge of human nature, a certain way of doing things on a grand scale, of course also with all the defects and weaknesses that go with these advantages and into which your temperament and sometimes your hot temper drive you. You are perhaps not wholly a Kafka in your general outlook, in so far as I can compare you with Uncle Philipp, Ludwig, and Heinrich. That is odd, and here I don't see quite clear either. After all, they were all more cheerful, fresher, more informal, more easygoing, less severe than you. (In this, by the way, I have inherited a great deal from you and taken much too good care of my inheritance, without, admittedly, having the necessary counterweights in my own nature, as you have.) Yet you too, on the other hand, have in this respect gone through various phases. You were perhaps more cheerful before you were disappointed by your children, especially by me, and were depressed at home (when other people came in, you were quite different); perhaps you have become more cheerful again since then, now that your grandchildren and your son-in-law again give you something of that warmth which your children, except perhaps Valli, could not give you. In any case, we were so different and in our difference so dangerous to each other that if anyone had tried to calculate in advance how I, the slowly developing child, and you, the full-grown man, would stand to each other, he could have assumed that you would simply trample me underfoot so that nothing was left of me. Well, that did not happen. Nothing alive can be calculated. But perhaps something worse happened. And in saying

13

musstest, nur sollst Du aufhören, es für eine besondere Bosheit meinerseits zu halten, dass ich dieser Wirkung erlegen bin.

Ich war ein ängstliches Kind; trotzdem war ich gewiss auch störrisch, wie Kinder sind; gewiss verwöhnte mich die Mutter auch, aber ich kann nicht glauben, dass ich besonders schwer lenkbar war, ich kann nicht glauben, dass ein freundliches Wort, ein stilles Bei-der-Hand-Nehmen, ein guter Blick mir nicht alles hätten abfordern können, was man wollte. Nun bist Du ja im Grunde ein gütiger und weicher Mensch (das Folgende wird dem nicht widersprechen, ich rede ja nur von der Erscheinung, in der Du auf das Kind wirktest), aber nicht jedes Kind hat die Ausdauer und Unerschrockenheit, so lange zu suchen, bis es zu der Güte kommt. Du kannst ein Kind nur so behandeln, wie Du eben selbst geschaffen bist, mit Kraft, Lärm und Jähzorn, und in diesem Falle schien Dir das auch noch überdies deshalb sehr gut geeignet, weil Du einen kräftigen mutigen Jungen in mir aufziehen wolltest.

Deine Erziehungsmittel in den allerersten Jahren kann ich heute natürlich nicht unmittelbar beschreiben, aber ich kann sie mir etwa vorstellen durch Rückschluss aus den späteren Jahren und aus Deiner Behandlung des Felix. Hiebei kommt verschärfend in Betracht, dass Du damals jünger, daher frischer, wilder, ursprünglicher, noch unbekümmerter warst als heute und dass Du ausserdem ganz an das Geschäft gebunden warst, kaum einmal des Tages Dich mir zeigen konntest und deshalb einen um so tieferen Eindruck auf mich machtest, der sich kaum je zur Gewöhnung verflachte.

this I would all the time beg of you not to forget that I never, and not even for a single moment, believe any guilt to be on your side. The effect you had on me was the effect you could not help having. But you should stop considering it some particular malice on my part that I succumbed to that effect.

I was a timid child. For all that, I am sure I was also obstinate, as children are. I am sure that Mother spoilt me too, but I cannot believe I was particularly difficult to manage; I cannot believe that a kindly word, a quiet taking by the hand, a friendly look, could not have got me to do anything that was wanted of me. Now you are, after all, at bottom a kindly and softhearted person (what follows will not be in contradiction to this, I am speaking only of the impression you made on the child), but not every child has the endurance and fearlessness to go on searching until it comes to the kindliness that lies beneath the surface. You can only treat a child in the way you yourself are constituted, with vigor, noise, and hot temper, and in this case this seemed to you, into the bargain, extremely suitable, because you wanted to bring me up to be a strong brave boy.

Your educational methods in the very early years I can't, of course, directly describe today, but I can more or less imagine them by drawing retrospective conclusions from the later years and from your treatment of Felix. What must be considered as heightening the effect is that you were then younger and hence more energetic, wilder, more untrammeled, and still more reckless than you are today and that you were, besides, completely tied to the business, scarcely able to be with me even once a day, and therefore made all the more profound an impression on me, never really leveling out into the flatness of habit.

Direkt erinnere ich mich nur an einen Vorfall aus den ersten Jahren. Du erinnerst Dich vielleicht auch daran. Ich winselte einmal in der Nacht immerfort um Wasser, gewiss nicht aus Durst, sondern wahrscheinlich teils um zu ärgern, teils um mich zu unterhalten. Nachdem einige starke Drohungen nicht geholfen hatten, nahmst Du mich aus dem Bett, trugst mich auf die Pawlatsche und liessest mich dort allein vor der geschlossenen Tür ein Weilchen im Hemd stehn. Ich will nicht sagen, dass das unrichtig war, vielleicht war damals die Nachtruhe auf andere Weise wirklich nicht zu verschaffen, ich will aber damit Deine Erziehungsmittel und ihre Wirkung auf mich charakterisieren. Ich war damals nachher wohl schon folgsam, aber ich hatte einen inneren Schaden davon. Das für mich Selbstverständliche des sinnlosen Ums-Wasser-Bittens und das ausserordentlich Schreckliche des Hinausgetragenwerdens konnte ich meiner Natur nach niemals in die richtige Verbindung bringen. Noch nach Jahren litt ich unter der quälenden Vorstellung, dass der riesige Mann, mein Vater, die letzte Instanz, fast ohne Grund kommen und mich in der Nacht aus dem Bett auf die Pawlatsche tragen konnte und dass ich also ein solches Nichts für ihn war.

Das war damals ein kleiner Anfang nur, aber dieses mich oft beherrschende Gefühl der Nichtigkeit (ein in anderer Hinsicht allerdings auch edles und fruchtbares Gefühl) stammt vielfach von Deinem Einfluss. Ich hätte ein wenig Aufmunterung, ein wenig Freundlichkeit, ein wenig Offenhalten meines Wegs gebraucht, statt dessen verstelltest Du mir ihn, in der guten Absicht freilich, dass ich einen anderen Weg gehen sollte. Aber dazu taugte ich nicht. Du muntertest mich zum Beispiel auf, wenn ich gut salutierte und marschierte, aber ich war kein künf-

There is only one episode in the early years of which I have a direct memory. You may remember it, too. One night I kept on whimpering for water, not, I am certain, because I was thirsty, but probably partly to be annoying, partly to amuse myself. After several vigorous threats had failed to have any effect, you took me out of bed, carried me out onto the *pavlatche*, and left me there alone for a while in my nightshirt, outside the shut door. I am not going to say that this was wrong—perhaps there was really no other way of getting peace and quiet that night—but I mention it as typical of your methods of bringing up a child and their effect on me. I dare say I was quite obedient afterwards at that period, but it did me inner harm. What was for me a matter of course, that senseless asking for water, and the extraordinary terror of being carried outside were two things that I, my nature being what it was, could never properly connect with each other. Even years afterwards I suffered from the tormenting fancy that the huge man, my father, the ultimate authority, would come almost for no reason at all and take me out of bed in the night and carry me out onto the *pavlatche*, and that meant I was a mere nothing for him.

That was only a small beginning, but this sense of nothingness that often dominates me (a feeling that is in another respect, admittedly, also a noble and fruitful one) comes largely from your influence. What I would have needed was a little encouragement, a little friendliness, a little keeping open of my road, instead of which you blocked it for me, though of course with the good intention of making me go another road. But I was not fit for that. You encouraged me, for instance, when I saluted and marched smartly, but I

tiger Soldat, oder Du muntertest mich auf, wenn ich kräftig essen oder sogar Bier dazu trinken konnte, oder wenn ich unverstandene Lieder nachsingen oder Deine Lieblingsredensarten Dir nachplappern konnte, aber nichts davon gehörte zu meiner Zukunft. Und es ist bezeichnend, dass Du selbst heute mich nur dann eigentlich in etwas aufmunterst, wenn Du selbst in Mitleidenschaft gezogen bist, wenn es sich um Dein Selbstgefühl handelt, das ich verletze (zum Beispiel durch meine Heiratsabsicht) oder das in mir verletzt wird (wenn zum Beispiel Pepa mich beschimpft). Dann werde ich aufgemuntert, an meinen Wert erinnert, auf die Partien hingewiesen, die ich zu machen berechtigt wäre und Pepa wird vollständig verurteilt. Aber abgesehen davon, dass ich für Aufmunterung in meinem jetzigen Alter schon fast unzugänglich bin, was würde sie mir auch helfen, wenn sie nur dann eintritt, wo es nicht in erster Reihe um mich geht.

Damals und damals überall hätte ich die Aufmunterung gebraucht. Ich war ja schon niedergedrückt durch Deine blosse Körperlichkeit. Ich erinnere mich zum Beispiel daran, wie wir uns öfters zusammen in einer Kabine auszogen. Ich mager, schwach, schmal, Du stark, gross, breit. Schon in der Kabine kam ich mir jämmerlich vor, und zwar nicht nur vor Dir, sondern vor der ganzen Welt, denn Du warst für mich das Mass aller Dinge. Traten wir dann aber aus der Kabine vor die Leute hinaus, ich an Deiner Hand, ein kleines Gerippe, unsicher, blossfüssig auf den Planken, in Angst vor dem Wasser, unfähig Deine Schwimmbewegungen nachzumachen, die Du mir in guter Absicht, aber tatsächlich zu meiner tiefen Beschämung immerfort vormachtest, dann war ich sehr verzweifelt und alle meine schlimmen Erfahrungen auf allen Gebieten

was no future soldier, or you encouraged me when I
was able to eat heartily or even drink beer with my
meals, or when I was able to repeat songs, singing
what I had not understood, or prattle to you using
your own favorite expressions, imitating you, but nothing of this had anything to do with my future. And it
is characteristic that even today you really only encour-
age me in anything when you yourself are involved in
it, when what is at stake is your own sense of self-
importance, which I damage (for instance by my in-
tended marriage) or which is damaged in me (for
instance when Pepa is abusive to me). Then I receive
encouragement, I am reminded of my worth, the
matches I would be entitled to make are pointed out
to me, and Pepa is condemned utterly. But apart from
the fact that at my age I am now almost quite unsus-
ceptible to encouragement, what help could it be to
me anyway, if it only comes when it isn't primarily a
matter of myself at all?

At that time, and at that time in every way, I
would have needed encouragement. I was, after all,
weighed down by your mere physical presence. I remember, for instance, how we often undressed in the
same bathing hut. There was I, skinny, weakly, slight;
you strong, tall, broad. Even inside the hut I felt a
miserable specimen, and what's more, not only in your
eyes but in the eyes of the whole world, for you were
for me the measure of all things. But then when we
stepped out of the bathing hut before the people, you
holding me by my hand, a little skeleton, unsteady,
barefoot on the boards, frightened of the water, incapable of copying your swimming strokes, which you,
with the best of intentions, but actually to my profound humiliation, always kept on showing me, then

stimmten in solchen Augenblicken grossartig zusammen. Am wohlsten war mir noch, wenn Du Dich manchmal zuerst auszogst und ich allein in der Kabine bleiben und die Schande des öffentlichen Auftretens so lange hinauszögern konnte, bis Du endlich nachschauen kamst und mich aus der Kabine triebst. Dankbar war ich Dir dafür, dass Du meine Not nicht zu bemerken schienest, auch war ich stolz auf den Körper meines Vaters. Übrigens besteht zwischen uns dieser Unterschied heute noch ähnlich.

Dem entsprach weiter Deine geistige Oberherrschaft. Du hattest Dich allein durch eigene Kraft so hoch hinaufgearbeitet, infolgedessen hattest Du unbeschränktes Vertrauen zu Deiner Meinung. Das war für mich als Kind nicht einmal so blendend wie später für den heranwachsenden jungen Menschen. In Deinem Lehnstuhl regiertest Du die Welt. Deine Meinung war richtig, jede andere war verrückt, überspannt, meschugge, nicht normal. Dabei war Dein Selbstvertrauen so gross, dass Du gar nicht konsequent sein musstest und doch nicht aufhörtest recht zu haben. Es konnte auch vorkommen, dass Du in einer Sache gar keine Meinung hattest und infolgedessen alle Meinungen, die hinsichtlich der Sache überhaupt möglich waren, ohne Ausnahme falsch sein mussten. Du konntest zum Beispiel auf die Tschechen schimpfen, dann auf die Deutschen, dann auf die Juden, und zwar nicht nur in Auswahl, sondern in jeder Hinsicht, und schliesslich blieb niemand mehr übrig ausser Dir. Du bekamst für mich das Rätselhafte, das alle Tyrannen haben, deren Recht auf ihrer Person, nicht auf dem Denken begründet ist. Wenigstens schien es mir so.

Nun behieltest Du ja mir gegenüber tatsächlich erstaunlich oft recht, im Gespräch war das selbstverständlich, denn zum Gespräch kam es kaum, aber auch in Wirk-

I was frantic with desperation and at such moments all my bad experiences in all spheres fitted magnificently together. I felt best when you sometimes undressed first and I was able to stay behind in the hut alone and put off the disgrace of showing myself in public until at last you came to see what I was doing and drove me out of the hut. I was grateful to you for not seeming to notice my anguish, and besides, I was proud of my father's body. By the way, this difference between us remains much the same to this very day.

In keeping, furthermore, was your intellectual domination. You had worked your way so far up by your own energies alone, and as a result you had unbounded confidence in your opinion. That was not yet so dazzling for me as a child as later for the boy growing up. From your armchair you ruled the world. Your opinion was correct, every other was mad, wild, *meshugge*, not normal. Your self-confidence indeed was so great that you had no need to be consistent at all and yet never ceased to be in the right. It did sometimes happen that you had no opinion whatsoever about a matter and as a result all opinions that were at all possible with respect to the matter were necessarily wrong, without exception. You were capable, for instance, of running down the Czechs, and then the Germans, and then the Jews, and what is more, not only selectively but in every respect, and finally nobody was left except yourself. For me you took on the enigmatic quality that all tyrants have whose rights are based on their person and not on reason. At least so it seemed to me.

Now, when I was the subject you were actually astonishingly often right; which in conversation was not surprising, for there was hardly ever any conversa-

lichkeit. Doch war auch das nichts besonders Unbegreifliches: Ich stand ja in allem meinem Denken unter Deinem schweren Druck, auch in dem Denken, das nicht mit dem Deinen übereinstimmte und besonders in diesem. Alle diese von Dir scheinbar unabhängigen Gedanken waren von Anfang an belastet mit Deinem absprechenden Urteil; bis zur vollständigen und dauernden Ausführung des Gedankens das zu ertragen, war fast unmöglich. Ich rede hier nicht von irgendwelchen hohen Gedanken, sondern von jedem kleinen Unternehmen der Kinderzeit. Man musste nur über irgendeine Sache glücklich sein, von ihr erfüllt sein, nach Hause kommen und es aussprechen und die Antwort war ein ironisches Seufzen, ein Kopfschütteln, ein Fingerklopfen auf den Tisch: "Hab auch schon etwas Schöneres gesehn" oder "Mir gesagt Deine Sorgen" oder "Ich hab keinen so geruhten Kopf" oder "Kauf Dir was dafür!" oder "Auch ein Ereignis!" Natürlich konnte man nicht für jede Kinderkleinigkeit Begeisterung von Dir verlangen, wenn Du in Sorge und Plage lebtest. Darum handelte es sich auch nicht. Es handelte sich vielmehr darum, dass Du solche Enttäuschungen dem Kinde immer und grundsätzlich bereiten musstest kraft Deines gegensätzlichen Wesens, weiter dass dieser Gegensatz durch Anhäufung des Materials sich unaufhörlich verstärkte, so dass er sich schliesslich auch gewohnheitsmässig geltend · machte, wenn Du einmal der gleichen Meinung warst wie ich und dass endlich diese Enttäuschungen des Kindes nicht Enttäuschungen des gewöhnlichen Lebens waren, sondern, da es ja um Deine für alles massgebende Person ging, im Kern trafen. Der Mut, die Entschlossenheit, die Zuversicht, die Freude an dem und jenem hielten nicht bis zum Ende aus, wenn Du dagegen warst oder schon wenn Deine Gegnerschaft bloss angenommen werden konnte; und angenommen konnte sie wohl bei fast allem werden, was ich tat.

tion between us, but also in reality. Yet this was nothing particularly incomprehensible, either; in all my thinking I was, after all, under the heavy pressure of your personality, even in that part of it—and particularly in that—which was not in accord with yours. All these thoughts, seemingly independent of you, were from the beginning burdened with your belittling judgments; it was almost impossible to endure this and still work out a thought with any measure of completeness and permanence. I am not here speaking of any sublime thoughts, but of every little childhood enterprise. It was only necessary to be happy about something or other, to be filled with the thought of it, to come home and speak of it, and the answer was an ironical sigh, a shaking of the head, a tapping on the table with a finger: "Is that all you're so worked up about?" or "Such worries I'd like to have!" or "The things some people have time to think about!" or "Where is that going to get you?" or "What a song and dance about nothing!" Of course, you couldn't be expected to be enthusiastic about every childish triviality, when you were in a state of fret and worry. But that was not the point. Rather, by virtue of your antagonistic nature, you could not help but always and inevitably cause the child such disappointments; and further, this antagonism, accumulating material, was constantly intensified; eventually the pattern expressed itself even if, for once, you were of the same opinion as I; finally, these disappointments of the child were not the ordinary disappointments of life but, since they involved you, the all-important personage, they struck to the very core. Courage, resolution, confidence, delight in this and that, could not last when you were against it or even if your opposition was merely to be assumed; and it was to be assumed in almost everything I did.

Das bezog sich auf Gedanken so gut wie auf Menschen. Es genügte, dass ich an einem Menschen ein wenig Interesse hatte—es geschah ja infolge meines Wesens nicht sehr oft—, dass Du schon ohne jede Rücksicht auf mein Gefühl und ohne Achtung vor meinem Urteil mit Beschimpfung, Verleumdung, Entwürdigung dreinfuhrst. Unschuldige, kindliche Menschen wie zum Beispiel der jiddische Schauspieler Löwy mussten das büssen. Ohne ihn zu kennen, verglichst Du ihn in einer schrecklichen Weise, die ich schon vergessen habe, mit Ungeziefer, und wie so oft für Leute, die mir lieb waren, hattest Du automatisch das Sprichwort von den Hunden und Flöhen bei der Hand. An den Schauspieler erinnere ich mich hier besonders, weil ich Deine Aussprüche über ihn damals mir mit der Bemerkung notierte: "So spricht mein Vater über meinen Freund (den er gar nicht kennt) nur deshalb, weil er mein Freund ist. Das werde ich ihm immer entgegenhalten können, wenn er mir Mangel an kindlicher Liebe und Dankbarkeit vorwerfen wird." Unverständlich war mir immer Deine vollständige Empfindungslosigkeit dafür, was für Leid und Schande Du mit Deinen Worten und Urteilen mir zufügen konntest, es war, als hättest Du keine Ahnung von Deiner Macht. Auch ich habe Dich sicher oft mit Worten gekränkt, aber dann wusste ich es immer, es schmerzte mich, aber ich konnte mich nicht beherrschen, das Wort nicht zurückhalten, ich bereute es schon, während ich es sagte. Du aber schlugst mit Deinen Worten ohneweiters los, niemand tat Dir leid, nicht währenddessen, nicht nachher, man war gegen Dich vollständig wehrlos.

Aber so war Deine ganze Erziehung. Du hast, glaube ich, ein Erziehungstalent; einem Menschen Deiner Art hättest Du durch Erziehung gewiss nützen können; er hätte die Vernünftigkeit dessen, was Du ihm sagtest, ein-

This applied to thoughts as well as to people. It was enough that I should take a little interest in a person— which in any case did not happen often, as a result of my nature—for you, without any consideration for my feelings or respect for my judgment, to move in with abuse, defamation, and denigration. Innocent, childlike people, such as, for instance, the Yiddish actor Löwy, had to pay for that. Without knowing him you compared him, in some dreadful way that I have now forgotten, to vermin and, as was so often the case with people I was fond of, you were automatically ready with the proverb of the dog and its fleas. Here I particularly recall the actor because at that time I made a note of your pronouncements about him, with the comment: "This is how my father speaks of my friend (whom he does not even know), simply because he is my friend. I shall always be able to bring this up against him whenever he reproaches me with the lack of a child's affection and gratitude." What was always incomprehensible to me was your total lack of feeling for the suffering and shame you could inflict on me with your words and judgments. It was as though you had no notion of your power. I too, I am sure, often hurt you with what I said, but then I always knew, and it pained me, but I could not control myself, could not keep the words back, I was sorry even while I was saying them. But you struck out with your words without much ado, you weren't sorry for anyone, either during or afterwards, one was utterly defenseless against you.

But your whole method of upbringing was like that. You have, I think, a gift for bringing up children; you could, I am sure, have been of help to a human being of your own kind with your methods; such a per-

gesehn, sich um nichts Weiteres gekümmert und die Sachen ruhig so ausgeführt. Für mich als Kind war aber alles, was Du mir zuriefst, geradezu Himmelsgebot, ich vergass es nie, es blieb mir das wichtigste Mittel zur Beurteilung der Welt, vor allem zur Beurteilung Deiner selbst, und da versagtest Du vollständig. Da ich als Kind hauptsächlich beim Essen mit Dir beisammen war, war Dein Unterricht zum grossen Teil Unterricht im richtigen Benehmen bei Tisch. Was auf den Tisch kam, musste aufgegessen, über die Güte des Essens durfte nicht gesprochen werden—Du aber fandest das Essen oft ungeniessbar; nanntest es "das Fressen"; das "Vieh" (die Köchin) hatte es verdorben. Weil Du entsprechend Deinem kräftigen Hunger und Deiner besonderen Vorliebe alles schnell, heiss und in grossen Bissen gegessen hast, musste sich das Kind beeilen, düstere Stille war bei Tisch, unterbrochen von Ermahnungen: "zuerst iss, dann sprich" oder "schneller, schneller, schneller" oder "siehst Du, ich habe schon längst aufgegessen". Knochen durfte man nicht zerbeissen, Du ja. Essig durfte man nicht schlürfen, Du ja. Die Hauptsache war, dass man das Brot gerade schnitt; dass Du das aber mit einem von Sauce triefenden Messer tatest, war gleichgültig. Man musste achtgeben, dass keine Speisereste auf den Boden fielen, unter Dir lag schliesslich am meisten. Bei Tisch durfte man sich nur mit Essen beschäftigen, Du aber putztest und schnittest Dir die Nägel, spitztest Bleistifte, reinigtest mit dem Zahnstocher die Ohren. Bitte, Vater, verstehe mich recht, das wären an sich vollständig unbedeutende Einzelheiten gewesen, niederdrückend wurden sie für mich erst dadurch, dass Du, der für mich so ungeheuer massgebende Mensch, Dich selbst an die Gebote nicht hieltest, die Du mir auferlegtest. Dadurch wurde die Welt für mich in drei Teile geteilt, in einen, wo ich, der Sklave, lebte, unter Gesetzen, die nur

son would have seen the reasonableness of what you told him, would not have troubled about anything else, and would quietly have done things the way he was told. But for me as a child everything you called out at me was positively a heavenly commandment, I never forgot it, it remained for me the most important means of forming a judgment of the world, above all of forming a judgment of you yourself, and there you failed entirely. Since as a child I was with you chiefly during meals, your teaching was to a large extent the teaching of proper behavior at table. What was brought to the table had to be eaten, the quality of the food was not to be discussed—but you yourself often found the food inedible, called it "this swill," said "that beast" (the cook) had ruined it. Because in accordance with your strong appetite and your particular predilection you ate everything fast, hot, and in big mouthfuls, the child had to hurry; there was a somber silence at table, interrupted by admonitions: "Eat first, talk afterwards," or "faster, faster, faster," or "there you are, you see, I finished ages ago." Bones mustn't be cracked with the teeth, but you could. Vinegar must not be sipped noisily, but you could. The main thing was that the bread should be cut straight. But it didn't matter that you did it with a knife dripping with gravy. Care had to be taken that no scraps fell on the floor. In the end it was under your chair that there were most scraps. At table one wasn't allowed to do anything but eat, but you cleaned and cut your fingernails, sharpened pencils, cleaned your ears with a toothpick. Please, Father, understand me correctly: in themselves these would have been utterly insignificant details, they only became depressing for me because you, so tremendously the authoritative man, did not keep the command-

für mich erfunden waren und denen ich überdies, ich wusste nicht warum, niemals völlig entsprechen konnte, dann in eine zweite Welt, die unendlich von meiner entfernt war, in der Du lebtest, beschäftigt mit der Regierung, mit dem Ausgeben der Befehle und mit dem Ärger wegen deren Nichtbefolgung, und schliesslich in eine dritte Welt, wo die übrigen Leute glücklich und frei von Befehlen und Gehorchen lebten. Ich war immerfort in Schande, entweder befolgte ich Deine Befehle, das war Schande, denn sie galten ja nur für mich; oder ich war trotzig, das war auch Schande, denn wie durfte ich Dir gegenüber trotzig sein, oder ich konnte nicht folgen, weil ich zum Beispiel nicht Deine Kraft, nicht Deinen Appetit, nicht Deine Geschicklichkeit hatte, trotzdem Du es als etwas Selbstverständliches von mir verlangtest; das war allerdings die grösste Schande. In dieser Weise bewegten sich nicht die Überlegungen, aber das Gefühl des Kindes.

Meine damalige Lage wird vielleicht deutlicher, wenn ich sie mit der von Felix vergleiche. Auch ihn behandelst Du ja ähnlich, ja wendest sogar ein besonders fürchterliches Erziehungsmittel gegen ihn an, indem Du, wenn er beim Essen etwas Deiner Meinung nach Unreines macht, Dich nicht damit begnügst, wie damals zu mir zu sagen: "Du bist ein grosses Schwein", sondern noch hinzufügst: "ein echter Hermann" oder "genau, wie Dein Vater". Nun schadet das aber vielleicht—mehr als "vielleicht" kann man nicht sagen—dem Felix wirklich nicht wesentlich, denn für ihn bist Du eben nur ein allerdings besonders bedeutender Grossvater, aber doch nicht alles, wie Du es für mich gewesen bist, ausserdem ist Felix ein ruhiger, schon jetzt gewissermassen männlicher Charak-

ments you imposed on me. Hence the world was
for me divided into three parts: one in which I, the
slave, lived under laws that had been invented only
for me and which I could, I did not know why,
never completely comply with; then a second world,
which was infinitely remote from mine, in which
you lived, concerned with government, with the issu-
ing of orders and with the annoyance about their not
being obeyed; and finally a third world where everybody else lived happily and free from orders and from
having to obey. I was continually in disgrace; either I
obeyed your orders, and that was a disgrace, for they
applied, after all, only to me; or I was defiant, and that
was a disgrace too, for how could I presume to defy
you; or I could not obey because I did not, for instance,
have your strength, your appetite, your skill, although
you expected it of me as a matter of course; this was
the greatest disgrace of all. This was not the course of
the child's reflections, but of his feelings.

My situation at that time becomes clearer, perhaps,
if I compare it with that of Felix. You do, of course,
treat him in a similar way, even indeed employing a
particularly terrible method against him in his upbringing: whenever at meals he does anything that is in
your opinion unclean, you are not content to say to
him, as you used to say to me: "You are a pig," but
add: "a thorough Hermann" or "just like your father."
Now this may perhaps—one can't say more than "perhaps"—not really harm Felix in any essential way, because you are only a grandfather to him, an especially
important one, of course, but still, not everything, as
you were for me; and besides, Felix is of a quiet, even
at this stage to a certain extent manly character, one

ter, der sich durch eine Donnerstimme vielleicht ver-
blüffen, aber nicht für die Dauer bestimmen lässt, vor
allem aber ist er doch nur verhältnismässig selten mit Dir
beisammen, steht ja auch unter anderen Einflüssen, Du
bist ihm mehr etwas liebes Kurioses, aus dem er auswählen kann, was er sich nehmen will. Mir warst Du
nichts Kurioses, ich konnte nicht auswählen, ich musste
alles nehmen.

Und zwar ohne etwas dagegen vorbringen zu können,
denn es ist Dir von vornherein nicht möglich, ruhig über
eine Sache zu sprechen, mit der Du nicht einverstanden
bist oder die bloss nicht von Dir ausgeht; Dein herrisches
Temperament lässt das nicht zu. In den letzten Jahren
erklärst Du das durch Deine Herznervosität, ich wüsste
nicht, dass Du jemals wesentlich anders gewesen bist,
höchstens ist Dir die Herznervosität ein Mittel zur stren-
geren Ausübung der Herrschaft, da der Gedanke daran
die letzte Widerrede im anderen ersticken muss. Das ist
natürlich kein Vorwurf, nur Feststellung einer Tatsache.
Etwa bei Ottla: "Man kann ja mit ihr gar nicht sprechen,
sie springt einem gleich ins Gesicht", pflegst Du zu sagen,
aber in Wirklichkeit springt sie ursprünglich gar nicht;
Du verwechselst die Sache mit der Person; die Sache
springt Dir ins Gesicht, und Du entscheidest sie sofort
ohne Anhören der Person; was nachher noch vorgebracht
wird, kann Dich nur weiter reizen, niemals überzeugen.
Dann hört man von Dir nur noch: "Mach, was Du
willst; von mir aus bist Du frei; Du bist grossjährig; ich
habe Dir keine Ratschläge zu geben", und alles das mit
dem fürchterlichen heiseren Unterton des Zornes und
der vollständigen Verurteilung, vor dem ich heute nur
deshalb weniger zittere als in der Kinderzeit, weil das

who may perhaps be disconcerted by a great voice thundering at him, but not permanently conditioned by it. But above all he is, of course, only comparatively seldom with you, and besides, he is also under other influences; you are for him a rather endearing curiosity from which he can pick and choose whatever he likes. For me you were nothing in the least like a curiosity, I couldn't pick and choose, I had to take everything.

And this without being able to produce any arguments against any of it, for it is fundamentally impossible for you to talk calmly about a subject you don't approve of or even one that was not suggested by you; your imperious temperament does not permit it. In recent years you have been explaining this as due to your nervous heart condition. I don't know that you were ever essentially different. Rather, the nervous heart condition is a means by which you exert your domination more strongly, since the thought of it necessarily chokes off the least opposition from others. This is, of course, not a reproach, only a statement of fact. As in Ottla's case, when you say: "You simply can't talk to her at all, she flies straight in your face," but in reality she does not begin by flying out at all. You mistake the person for the thing. The thing under discussion is what flies in your face and you immediately make up your mind about it without listening to the person; whatever is brought forward afterwards merely serves to irritate you further, never to convince you. Then all one gets from you is: "Do whatever you like. So far as I'm concerned you have a free hand. You're of age, I've no advice to give you," and all this with that frightful, hoarse undertone of anger and utter

ausschliessliche Schuldgefühl des Kindes zum Teil ersetzt
ist durch den Einblick in unser beider Hilflosigkeit.

Die Unmöglichkeit des ruhigen Verkehrs hatte noch
eine weitere eigentlich sehr natürlich Folge: ich verlernte
das Reden. Ich wäre ja wohl auch sonst kein grosser Redner geworden, aber die gewöhnlich fliessende menschliche
Sprache hätte ich doch beherrscht. Du hast mir aber schon
früh das Wort verboten, Deine Drohung: "kein Wort der
Widerrede!" und die dazu erhobene Hand begleiten mich
schon seit jeher. Ich bekam vor Dir—Du bist, sobald es
um Deine Dinge geht, ein ausgezeichneter Redner—eine
stockende, stotternde Art des Sprechens, auch das war Dir
noch zu viel, schliesslich schwieg ich, zuerst vielleicht aus
Trotz, dann, weil ich vor Dir weder denken noch reden
konnte. Und weil Du mein eigentlicher Erzieher warst,
wirkte das überall in meinem Leben nach. Es ist überhaupt
ein merkwürdiger Irrtum, wenn Du glaubst, ich hätte mich
Dir nie gefügt. "Immer alles contra" ist wirklich nicht
mein Lebensgrundsatz Dir gegenüber gewesen, wie Du
glaubst und mir vorwirfst. Im Gegenteil: hätte ich Dir
weniger gefolgt, Du wärest sicher viel zufriedener mit mir.
Vielmehr haben alle Deine Erziehungsmassnahmen genau
getroffen; keinem Griff bin ich ausgewichen; so wie ich
bin, bin ich (von den Grundlagen und der Einwirkung
des Lebens natürlich abgesehen) das Ergebnis Deiner Erziehung und meiner Folgsamkeit. Dass dieses Ergebnis Dir
trotzdem peinlich ist, ja dass Du Dich unbewusst weigerst,
es als Dein Erziehungsergebnis anzuerkennen, liegt eben
daran, dass Deine Hand und mein Material einander so
fremd gewesen sind. Du sagtest: "Kein Wort der Widerrede!" und wolltest damit die Dir unangenehmen Gegen-
kräfte in mir zum Schweigen bringen, diese Einwirkung

condemnation that only makes me tremble less today than in my childhood because the child's exclusive sense of guilt has been partly replaced by insight into our helplessness, yours and mine.

The impossibility of getting on calmly together had one more result, actually a very natural one: I lost the capacity to talk. I dare say I would not have become a very eloquent person in any case, but I would, after all, have acquired the usual fluency of human language. But at a very early stage you forbade me to speak. Your threat, "Not a word of contradiction!" and the raised hand that accompanied it have been with me ever since. What I got from you—and you are, whenever it is a matter of your own affairs, an excellent talker—was a hesitant, stammering mode of speech, and even that was still too much for you, and finally I kept silent, at first perhaps out of defiance, and then because I could neither think nor speak in your presence. And because you were the person who really brought me up, this has had its repercussions throughout my life. It is altogether a remarkable mistake for you to believe I never fell in with your wishes. "Always agin you" was really not my basic principle where you were concerned, as you believe and as you reproach me. On the contrary: if I had obeyed you less, I am sure you would have been much better pleased with me. As it is, all your educational measures hit the mark exactly. There was no hold I tried to escape. As I now am, I am (apart, of course, from the fundamentals and the influence of life itself) the result of your upbringing and of my obedience. That this result is nevertheless distressing to you, indeed that you unconsciously refuse to acknowledge it as the result of your methods of upbringing, is due to the fact that your

33

war aber für mich zu stark, ich war zu folgsam, ich ver-
stummte gänzlich, verkroch mich vor Dir und wagte mich
erst zu regen, wenn ich so weit von Dir entfernt war, dass
Deine Macht, wenigstens direkt, nicht mehr hinreichte.
Du aber standst davor, und alles schien Dir wieder "contra"
zu sein, während es nur selbstverständliche Folge Deiner
Stärke und meiner Schwäche war.

Deine äusserst wirkungsvollen, wenigstens mir gegenüber niemals versagenden rednerischen Mittel bei der Erziehung waren: Schimpfen, Drohen, Ironie, böses Lachen
und—merkwürdigerweise—Selbstbeklagung.

Dass Du mich direkt und mit ausdrücklichen Schimpf-
wörtern beschimpft hättest, kann ich mich nicht erinnern.
Es war auch nicht nötig, Du hattest so viele andere Mittel,
auch flogen im Gespräch zu Hause und besonders im
Geschäft die Schimpfwörter rings um mich in solchen
Mengen auf andere nieder, dass ich als kleiner Junge
manchmal davon fast betäubt war und keinen Grund
hatte, sie nicht auch auf mich zu beziehen, denn die
Leute, die Du beschimpftest, waren gewiss nicht schlech-
ter als ich, und Du warst gewiss mit ihnen nicht unzu-
friedener als mit mir. Und auch hier war wieder Deine
rätselhafte Unschuld und Unangreifbarkeit, Du schimpf-
test, ohne Dir igendwelche Bedenken deshalb zu machen,
ja Du verurteiltest das Schimpfen bei anderen und verbotest es.

Das Schimpfen verstärktest Du mit Drohen, und das galt
nun auch schon mir. Schrecklich war mir zum Beispiel
dieses: "ich zerreisse Dich wie einen Fisch", trotzdem ich
ja wusste, dass dem nichts Schlimmeres nachfolgte (als

hand and the material I offered were so alien to each other. You would say: "Not a word of contradiction!" thinking that that was a way of silencing the oppositional forces in me that were disagreeable to you, but the effect of it was too strong for me, I was too docile, I became completely dumb, cringed away from you, hid from you, and only dared to stir when I was so far away from you that your power could no longer reach me—at least not directly. But you were faced with all that, and it all seemed to you to be "agin," whereas it was only the inevitable consequence of your strength and my weakness.

Your extremely effective rhetorical methods in bringing me up, which never failed to work with me, were: abuse, threats, irony, spiteful laughter, and— oddly enough—self-pity.

I cannot recall your ever having abused me directly and in downright abusive terms. Nor was that necessary; you had so many other methods, and besides, in talk at home and particularly at business the words of abuse went flying around me in such swarms, as they were flung at other people's heads, that as a little boy I was sometimes almost stunned and had no reason not to apply them to myself too, for the people you were abusing were certainly no worse than I was and you were certainly not more displeased with them than with me. And here again was your enigmatic innocence and inviolability; you cursed and swore without the slightest scruple; yet you condemned cursing and swearing in other people and would not have it.

You reinforced abusiveness with threats, and this applied to me too. How terrible for me was, for instance, that "I'll tear you apart like a fish," although I knew, of course, that nothing worse was to follow

kleines Kind wusste ich das allerdings nicht), aber es entsprach fast meinen Vorstellungen von Deiner Macht, dass Du auch das imstande gewesen wärest. Schrecklich war es auch, wenn Du schreiend um den Tisch herumliefst, um einen zu fassen, offenbar gar nicht fassen wolltest, aber doch so tatest und die Mutter einen schliesslich scheinbar rettete. Wieder hatte man einmal, so schien es dem Kind, das Leben durch Deine Gnade behalten und trug es als Dein unverdientes Geschenk weiter. Hierher gehören auch die Drohungen wegen der Folgen des Ungehorsams. Wenn ich etwas zu tun anfing, was Dir nicht gefiel, und Du drohtest mir mit dem Misserfolg, so war die Ehrfurcht vor Deiner Meinung so gross, dass damit der Misserfolg, wenn auch vielleicht erst für eine spätere Zeit, unaufhaltsam war. Ich verlor das Vertrauen zu eigenem Tun. Ich war unbeständig, zweifelhaft. Je älter ich wurde, desto grösser war das Material, das Du mir zum Beweis meiner Wertlosigkeit entgegenhalten konntest; allmählich bekamst Du in gewisser Hinsicht wirklich recht. Wieder hüte ich mich zu behaupten, dass ich nur durch Dich so wurde; Du verstärktest nur, was war, aber Du verstärktest es sehr, weil Du eben mir gegenüber sehr mächtig warst und alle Macht dazu verwendetest.

Ein besonderes Vertrauen hattest Du zur Erziehung durch Ironie, sie entsprach auch am besten Deiner Überlegenheit über mich. Eine Ermahnung hatte bei Dir gewöhnlich diese Form: "Kannst Du das nicht so und so machen? Das ist Dir wohl schon zu viel? Dazu hast Du natürlich keine Zeit?" und ähnlich. Dabei jede solche Frage begleitet von bösem Lachen und bösem Gesicht. Man wurde gewissermassen schon bestraft, ehe man noch wusste, dass man etwas Schlechtes getan hatte. Aufreizend waren auch jene Zurechtweisungen, wo man als dritte

(admittedly, as a little child I didn't know that), but it was almost exactly in accord with my notions of your power, and I saw you as being capable of doing this too. It was also terrible when you ran around the table, shouting, grabbing at one, obviously not really trying to grab, yet pretending to, and Mother (in the end) had to rescue one, as it seemed. Once again one had, so it seemed to the child, remained alive through your mercy and bore one's life henceforth as an undeserved gift from you. This is also the place to mention the threats about the consequences of disobedience. When I began to do something you did not like and you threatened me with the prospect of failure, my veneration for your opinion was so great that the failure became inevitable, even though perhaps it happened only at some later time. I lost confidence in my own actions. I was wavering, doubtful. The older I became, the more material there was for you to bring up against me as evidence of my worthlessness; gradually you began really to be right in a certain respect. Once again, I am careful not to assert that I became like this solely through you; you only intensified what was already there, but you intensified it greatly, simply because where I was concerned you were very powerful and you employed all your power to that end.

You put special trust in bringing up children by means of irony, and this was most in keeping with your superiority over me. An admonition from you generally took this form: "Can't you do it in such-and-such a way? That's too hard for you, I suppose. You haven't the time, of course?" and so on. And each such question would be accompanied by malicious laughter and a malicious face. One was, so to speak, already punished before one even knew that one had done something bad. Maddening were also those rebukes in which

Person behandelt, also nicht einmal des bösen Ansprechens gewürdigt wurde; wo Du also etwa formell zur Mutter sprachst, aber eigentlich zu mir, der dabei sass, zum Beispiel: "Das kann man vom Herrn Sohn natürlich nicht haben" und dergleichen. (Das bekam dann sein Gegenspiel darin, dass ich zum Beispiel nicht wagte und später aus Gewohnheit gar nicht mehr daran dachte, Dich direkt zu fragen, wenn die Mutter dabei war. Es war dem Kind viel ungefählicher, die neben Dir sitzende Mutter nach Dir auszufragen, man fragte dann die Mutter: "Wie geht es dem Vater?" und sicherte sich so vor Überraschungen.) Es gab natürlich auch Fälle, wo man mit der ärgsten Ironie sehr einverstanden war, nämlich wenn sie einen anderen betraf, zum Beispiel die Elli, mit der ich jahrelang böse war. Es war für mich ein Fest der Bosheit und Schadenfreude, wenn es von ihr fast bei jedem Essen etwa hiess: "Zehn Meter weit vom Tisch muss sie sitzen, die breite Mad" und wenn Du dann böse auf Deinem Sessel, ohne die leiseste Spur von Freundlichkeit oder Laune, sondern als erbitterter Feind übertrieben ihr nachzumachen suchtest, wie äusserst widerlich für Deinen Geschmack sie dasass. Wie oft hat sich das und ähnliches wiederholen müssen, wie wenig hast Du im Tatsächlichen dadurch erreicht. Ich glaube, es lag daran, dass der Aufwand von Zorn und Bösesein zur Sache selbst in keinem richtigen Verhältnis zu sein schien, man hatte nicht das Gefühl, dass der Zorn durch diese Kleinigkeit des Weit-vom-Tische-Sitzens erzeugt sei, sondern dass er in seiner ganzen Grösse von vornherein vorhanden war und nur zufällig gerade diese Sache als Anlass zum Losbrechen genommen habe. Da man überzeugt war, dass sich ein Anlass jedenfalls finden würde, nahm man sich nicht besonders zusammen, auch stumpfte man unter der fortwährenden Drohung ab; dass man nicht geprügelt wurde, dessen war man ja allmählich fast sicher. Man wurde ein mürrisches, unauf-

one was treated as a third person, in other words, considered not worthy even to be spoken to angrily; that
is to say, when you would speak ostensibly to Mother
but actually to me, who was sitting right there. For
instance: "Of course, that's too much to expect of our
worthy son," and the like. (This produced a corollary
in that, for instance, I did not dare to ask you, and later
from habit did not even really much think of asking,
anything directly when Mother was there. It was much
less dangerous for the child to put questions to Mother,
sitting there beside you, and to ask Mother: "How is
Father?"—so guarding oneself against surprises.) There
were, of course, also cases when one was entirely in
agreement with even the worst irony, namely, when it
referred to someone else, such as Elli, with whom I was
on bad terms for years. There was an orgy of malice
and spiteful delight for me when such things were said
of her, as they were at almost every meal: "She has to
sit six feet away from the table, the great fat lump"
and when you, morosely sitting on your chair without
the slightest trace of pleasantness or good humor, a
bitter enemy, would exaggeratedly imitate the way she
sat, which you found utterly loathsome. How often
such things happened, over and over again, and how
little you really achieved as a result of them! I think
the reason was that the expenditure of anger and malice seemed to be in no proper relation to the subject
itself, one did not have the feeling that the anger was
caused by this trifle of sitting some way back from the
table, but that the whole bulk of it had already been
there to begin with, then, only by chance, happened to
settle on this matter as a pretext for breaking out. Since
one was convinced that a pretext would be found anyway, one did not try very hard, and one's feelings
became dulled by these continued threats. One had

39

merksames, ungehorsames Kind, immer auf eine Flucht, meist eine innere, bedacht. So littest Du, so litten wir. Du hattest von Deinem Standpunkt ganz recht, wenn Du mit zusammengebissenen Zähnen und dem gurgelnden Lachen, welches dem Kind zum erstenmal höllische Vorstellungen vermittelt hatte, bitter zu sagen pflegtest (wie erst letzthin wegen eines Konstantinopler Briefes): "Das ist eine Gesellschaft!"

Ganz unverträglich mit dieser Stellung zu Deinen Kindern schien es zu sein, wenn Du, was ja sehr oft geschah, öffentlich Dich beklagtest. Ich gestehe, dass ich als Kind (später wohl) dafür gar kein Gefühl hatte und nicht verstand, wie Du überhaupt erwarten konntest, Mitgefühl zu finden. Du warst so riesenhaft in jeder Hinsicht; was konnte Dir an unserem Mitleid liegen oder gar an unserer Hilfe? Die musstest Du doch eigentlich verachten, wie uns selbst so oft. Ich glaubte daher den Klagen nicht und suchte irgendeine geheime Absicht hinter ihnen. Erst später begriff ich, dass Du wirklich durch die Kinder sehr littest, damals aber, wo die Klagen noch unter anderen Umständen einen kindlichen, offenen, bedenkenlosen, zu jeder Hilfe bereiten Sinn hätten antreffen können, mussten sie mir wieder nur überdeutliche Erziehungs- und Demütigungsmittel sein, als solche an sich nicht sehr stark, aber mit der schädlichen Nebenwirkung, dass das Kind sich gewöhnte, gerade Dinge nicht sehr ernst zu nehmen, die es ernst hätte nehmen sollen.

Es gab glücklicherweise davon allerdings auch Ausnahmen, meistens wenn Du schweigend littest und Liebe

gradually become pretty sure of not getting a beating, anyway. One became a glum, inattentive, disobedient child, always intent on escape, mainly within one's own self. So you suffered, and so we suffered. From your own point of view you were quite right when, clenching your teeth and with that gurgling laughter that gave the child its first notions of hell, you used to say bitterly (as you did only just recently in connection with a letter from Constantinople): "A *nice* crowd that is!"

What seemed to be quite incompatible with this attitude toward your children was, and it happened very often, that you complained in public. I confess that as a child (though probably somewhat later) I was completely callous about this and could not understand how you could possibly expect to get any sympathy from anyone. You were such a giant in every respect. What could you care for our pity or even our help? Our help, indeed, you could not but despise, as you so often despised us ourselves. Hence, I did not take these complaints at their face value and looked for some hidden motive behind them. Only later did I come to understand that you really suffered a great deal because of your children; but at that time, when these complaints might under different circumstances still have met with a childish, candid sympathy, unhesitatingly ready to offer any help it could, to me they had to seem like overemphatic means of disciplining me and humiliating me, as such not in themselves very intense, but with the harmful side effect that the child became conditioned not to take very seriously the very things it should have taken seriously.

Fortunately, there were exceptions to all this, mostly when you suffered in silence, and affection and kindli-

und Güte mit ihrer Kraft alles Entgegenstehende über-
wand und unmittelbar ergriff. Selten war das allerdings,
aber es war wunderbar. Etwa wenn ich Dich früher in
heissen Sommern mittags nach dem Essen im Geschäft
müde ein wenig schlafen sah, den Ellbogen auf dem Pult,
oder wenn Du sonntags abgehetzt zu uns in die Sommer-
frische kamst; oder wenn Du bei einer schweren Krankheit
der Mutter zitternd vom Weinen Dich am Bücherkasten
festhieltest; oder wenn Du während meiner letzten Krankheit leise zu mir in Ottlas Zimmer kamst, auf der Schwelle
bliebst, nur den Hals strecktest, um mich im Bett zu sehn,
und aus Rücksicht nur mit der Hand grüsstest. Zu solchen
Zeiten legte man sich hin und weinte vor Glück und weint
jetzt wieder, während man es schreibt.

Du hast auch eine besonders schöne, sehr selten zu
sehende Art eines stillen, zufriedenen, gutheissenden Lä-
chelns, das den, dem es gilt, ganz glücklich machen kann.
Ich kann mich nicht erinnern, dass es in meiner Kindheit
ausdrücklich mir zuteil geworden wäre, aber es dürfte wohl
geschehen sein, denn warum solltest Du es mir damals
verweigert haben, da ich Dir noch unschuldig schien und
Deine grosse Hoffnung war. Übrigens haben auch solche
freundliche Eindrücke auf die Dauer nichts anderes er-
zielt, als mein Schuldbewusstsein vergrössert und die Welt
mir noch unverständlicher gemacht.

Lieber hielt ich mich ans Tatsächliche und Fortwäh-
rende. Um mich Dir gegenüber nur ein wenig zu behaupten, zum Teil auch aus einer Art Rache, fing ich bald
an, kleine Lächerlichkeiten, die ich an Dir bemerkte, zu
beobachten, zu sammeln, zu übertreiben. Wie Du zum
Beispiel leicht Dich von meist nur scheinbar höherstehen-
den Personen blenden liessest und davon immerfort er-
zählen konntest, etwa von irgendeinem kaiserlichen Rat

ness by their own strength overcame all obstacles, and moved me immediately. Rare as this was, it was wonderful. For instance, in earlier years, in hot summers, when you were tired after lunch, I saw you having a nap at the office, your elbow on the desk; or you joined us in the country, in the summer holidays, on Sundays, worn out from work; or the time Mother was gravely ill and you stood holding on to the bookcase, shaking with sobs; or when, during my last illness, you came tiptoeing to Ottla's room to see me, stopping in the doorway, craning your neck to see me, and out of consideration only waved to me with your hand. At such times one would lie back and weep for happiness, and one weeps again now, writing it down.

You have a particularly beautiful, very rare way of quietly, contentedly, approvingly smiling, a way of smiling that can make the person for whom it is meant entirely happy. I can't recall its ever having expressly been my lot in my childhood, but I dare say it may have happened, for why should you have refused it to me at a time when I still seemed blameless to you and was your great hope? Yet in the long run even such friendly impressions brought about nothing but an increased sense of guilt, making the world still more incomprehensible to me.

I would rather keep to the practical and permanent. In order to assert myself even a little in relation to you, and partly too from a kind of vengefulness, I soon began to observe little ridiculous things about you, to collect them and to exaggerate them. For instance, how easily you let yourself be dazzled by people who were only seemingly above you, how you would keep on talking about them, as of some· Imperial Councilor or

oder dergleichen (andererseits tat mir etwas Derartiges auch weh, dass Du, mein Vater, solche nichtige Bestätigungen Deines Wertes zu brauchen glaubtest und mit ihnen grosstatest). Oder ich beobachtete Deine Vorliebe für unanständige, möglichst laut herausgebrachte Redensarten, über die Du lachtest, als hättest Du etwas besonders Vortreffliches gesagt, während es eben nur eine platte, kleine Unanständigkeit war (gleichzeitig war es allerdings auch wieder eine mich beschämende Äusserung Deiner Lebenskraft). Solcher verschiedener Beobachtungen gab es natürlich eine Menge; ich war glücklich über sie, es gab für mich Anlass zu Getuschel und Spass, Du bemerktest es manchmal, ärgertest Dich darüber, hieltest es für Bosheit, Respektlosigkeit, aber glaube mir, es war nichts anderes für mich als ein übrigens untaugliches Mittel zur Selbsterhaltung, es waren Scherze, wie man sie über Götter und Könige verbreitet, Scherze, die mit dem tiefsten Respekt nicht nur sich verbinden lassen, sondern sogar zu ihm gehören.

Auch Du hast übrigens, entsprechend Deiner ähnlichen Lage mir gegenüber, eine Art Gegenwehr versucht. Du pflegtest darauf hinzuweisen, wie übertrieben gut es mir ging und wie gut ich eigentlich behandelt worden bin. Das ist richtig, ich glaube aber nicht, dass es mir unter den einmal vorhandenen Umständen im wesentlichen genützt hat.

Es ist wahr, dass die Mutter grenzenlos gut zu mir war, aber alles das stand für mich in Beziehung zu Dir, also in keiner guten Beziehung. Die Mutter hatte unbewusst die Rolle eines Treibers in der Jagd. Wenn schon Deine Erziehung in irgendeinem unwahrscheinlichen Fall mich durch Erzeugung von Trotz, Abneigung oder gar Hass auf eigene Füsse hätte stellen können, so glich das die

some such (on the other hand, such things also pained me, to see you, my father, believing you had any need of such trifling confirmations of your own value, and boasting about them). Or I would observe your taste for indecent expressions, which you would produce in the loudest possible voice, laughing about them as though you had said something particularly good, while in point of fact it was only a banal little obscenity (at the same time this again was for me a humiliating manifestation of your vitality). There were, of course, plenty of such observations. I was happy about them; they gave me occasion for whispering and joking; you sometimes noticed it and were angry about it, took it for malice and lack of respect, but believe me, it was for me nothing other than a means—moreover, a useless one—of attempted self-preservation; they were jokes of the kind that are made about gods and kings, jokes that are not only compatible with the profoundest respect but are indeed part and parcel of it.

Incidentally, you too, in keeping with your similar position where I was concerned, tried a similar form of self-defense. You were in the habit of pointing out how exaggeratedly well off I was and how well I had in fact been treated. That is correct, but I don't believe it was of any real use to me under the prevailing circumstances.

It is true that Mother was illimitably good to me, but for me all that was in relation to you, that is to say, in no good relation. Mother unconsciously played the part of a beater during a hunt. Even if your method of upbringing might in some unlikely case have set me on my own feet by means of producing defiance, dislike, or even hate in me, Mother canceled that out

45

Mutter durch Gutsein, durch vernünftige Rede (sie war im Wirrwarr der Kindheit das Urbild der Vernunft), durch Fürbitte wieder aus, und ich war wieder in Deinen Kreis zurückgetrieben, aus dem ich sonst vielleicht, Dir und mir zum Vorteil, ausgebrochen wäre. Oder es war so, dass es zu keiner eigentlichen Versöhnung kam, dass die Mutter mich vor Dir bloss im Geheimen schützte, mir im Geheimen etwas gab, etwas erlaubte, dann war ich wieder vor Dir das lichtscheue Wesen, der Betrüger, der Schuldbewusste, der wegen seiner Nichtigkeit selbst zu dem, was er für sein Recht hielt, nur auf Schleichwegen kommen konnte. Natürlich gewöhnte ich mich dann, auf diesen Wegen auch das zu suchen, worauf ich, selbst meiner Meinung nach, kein Recht hatte. Das war wieder Vergrösserung des Schuldbewusstseins.

Es ist auch wahr, dass Du mich kaum einmal wirklich geschlagen hast. Aber das Schreien, das Rotwerden Deines Gesichts, das eilige Losmachen der Hosenträger, ihr Bereitliegen auf der Stuhllehne, war für mich fast ärger. Es ist, wie wenn einer gehängt werden soll. Wird er wirklich gehenkt, dann ist er tot und es ist alles vorüber. Wenn er aber alle Vorbereitungen zum Gehenktwerden miterleben muss und erst wenn ihm die Schlinge vor dem Gesicht hängt, von seiner Begnadigung erfährt, so kann er sein Leben lang daran zu leiden haben. Überdies sammelte sich aus diesen vielen Malen, wo ich Deiner deutlich gezeigten Meinung nach Prügel verdient hätte, ihnen aber aus Deiner Gnade noch knapp entgangen war, wieder nur ein grosses Schuldbewusstsein an. Von allen Seiten her kam ich in Deine Schuld.

Seit jeher machtest Du mir zum Vorwurf (und zwar mir allein oder vor anderen, für das Demütigende des letzteren hattest Du kein Gefühl, die Angelegenheiten Dei-

again by kindness, by talking sensibly (in the maze and chaos of my childhood she was the very prototype of good sense and reasonableness), by pleading for me; and I was again driven back into your orbit, which I might perhaps otherwise have broken out of, to your advantage and to my own. Or it happened that no real reconciliation came about, that Mother merely shielded me from you in secret, secretly gave me something, or allowed me to do something, and then where you were concerned I was again the furtive creature, the cheat, the guilty one, who in his worthlessness could only pursue backstairs methods even to get the things he regarded as his right. Of course, I became used to taking such a course also in quest of things to which, even in my own view, I had no right. This again meant an increase in the sense of guilt.

It is also true that you hardly ever really gave me a whipping. But the shouting, the way your face got red, the hasty undoing of the braces and laying them ready over the back of the chair, all that was almost worse for me. It is as if someone is going to be hanged. If he really is hanged, then he is dead and it is all over. But if he has to go through all the preliminaries to being hanged and he learns of his reprieve only when the noose is dangling before his face, he may suffer from it all his life. Besides, from the many occasions on which I had, according to your clearly expressed opinion, deserved a whipping but was let off at the last moment by your grace, I again accumulated only a huge sense of guilt. On every side I was to blame, I was in your debt.

You have always reproached me (either alone or in front of others, since you have no feeling for the humiliation of the latter, and your children's affairs were

ner Kinder waren immer öffentliche), dass ich dank Deiner Arbeit ohne alle Entbehrungen in Ruhe, Wärme, Fülle lebte. Ich denke da an Bemerkungen, die in meinem Gehirn förmlich Furchen gezogen haben müssen, wie: "Schon mit sieben Jahren musste ich mit dem Karren durch die Dörfer fahren." "Wir mussten alle in einer Stube schlafen." "Wir waren glücklich, wenn wir Erdäpfel hatten." "Jahrelang hatte ich wegen ungenügender Winterkleidung offene Wunden an den Beinen." "Als kleiner Junge musste ich schon nach Pisek ins Geschäft." "Von zuhause bekam ich gar nichts, nicht einmal beim Militär, ich schickte noch Geld nachhause." "Aber trotzdem, trotzdem—der Vater war mir immer der Vater. Wer weiss das heute! Was wissen die Kinder! Das hat niemand gelitten! Versteht das heute ein Kind?" Solche Erzählungen hätten unter anderen Verhältnissen ein ausgezeichnetes Erziehungsmittel sein können, sie hätten zum Überstehen der gleichen Plagen und Entbehrungen, die der Vater durchgemachte hatte, aufmuntern und kräftigen können. Aber das wolltest Du doch gar nicht, die Lage war ja eben durch das Ergebnis Deiner Mühe eine andere geworden, Gelegenheit, sich in der Weise auszuzeichnen, wie Du es getan hattest, gab es nicht. Eine solche Gelegenheit hätte man erst durch Gewalt und Umsturz schaffen müssen, man hätte von zu Hause ausbrechen müssen (vorausgesetzt, dass man die Entschlussfähigkeit und Kraft dazu gehabt hätte und die Mutter nicht ihrerseits mit anderen Mitteln dagegen gearbeitet hätte). Aber das alles wolltest Du doch gar nicht, das bezeichnetest Du als Undankbarkeit, Überspanntheit, Ungehorsam, Verrat, Verrücktheit. Während Du also von einer Seite durch Beispiel, Erzählung und Beschämung dazu locktest, verbotest Du es auf der anderen Seite allerstrengstens. Sonst hättest Du zum Beispiel, von den Nebenumständen abgesehen,

always public) for living in peace and quiet, warmth and abundance, lacking nothing, thanks to your hard work. I think of remarks that must positively have worn grooves in my brain, such as: "When I was only seven I had to push a barrow from village to village." "We all had to sleep in one room." "We were glad when we got potatoes." "For years I had open sores on my legs because I did not have enough warm clothes." "I was only a little boy when I was sent to Pisek to work in a store." "I got nothing from home, not even when I was in the army, even then I was sending money home." "But for all that, for all that— Father was always Father to me. Ah, nobody knows what that means these days! What do these children know? Nobody's been through that! Does any child understand such things today?" Under other conditions such stories might have been very educational, they might have been a way of encouraging one and strengthening one to endure torments and deprivations similar to those one's father had undergone. But that wasn't what you wanted at all; the situation had, after all, become quite different as a result of all your efforts, and there was no opportunity to distinguish oneself as you had done. Such an opportunity would first of all have had to be created by violence and revolution, it would have meant breaking away from home (assuming one had had the resolution and strength to do so and that Mother wouldn't have worked against it, for her part, with other means). But that was not what you wanted at all, that you termed ingratitude, extravagance, disobedience, treachery, madness. And so, while on the one hand you tempted me to it by means of example, story, and humiliation, on the other hand you forbade it with the utmost severity. Other-

49

von Ottlas Zürauer Abenteuer eigentlich entzückt sein
müssen. Sie wollte auf das Land, von dem Du gekommen
warst, sie wollte Arbeit und Entbehrungen haben, wie Du
sie gehabt hattest, sie wollte nicht Deine Arbeitserfolge
geniessen, wie auch Du von Deinem Vater unabhängig
gewesen bist. Waren das so schreckliche Absichten? So
fern Deinem Beispiel und Deiner Lehre? Gut, die Absichten Ottlas misslangen schliesslich im Ergebnis, wurden
vielleicht etwas lächerlich, mit zuviel Lärm ausgeführt, sie
nahm nicht genug Rücksicht auf ihre Eltern. War das
aber ausschliesslich ihre Schuld, nicht auch die Schuld der
Verhältnisse und vor allem dessen, dass Du ihr so entfremdet warst? War sie Dir etwa (wie Du Dir später selbst
einreden wolltest) im Geschäft weniger entfremdet, als
nachher in Zürau? Und hättest Du nicht ganz gewiss die
Macht gehabt (vorausgesetzt, dass Du Dich dazu hättest
überwinden können), durch Aufmunterung, Rat und Auf-
sicht, vielleicht sogar nur durch Duldung aus diesem
Abenteuer etwas sehr Gutes zu machen?

Anschliessend an solche Erfahrungen pflegtest Du in
bitterem Scherz zu sagen, dass es uns zu gut ging. Aber
dieser Scherz ist in gewissem Sinn keiner. Das, was Du
Dir erkämpfen musstest, bekamen wir aus Deiner Hand,
aber den Kampf um das äussere Leben, der Dir sofort zu-
gänglich war und der natürlich auch uns nicht erspart
bleibt, den müssen wir uns erst spät, mit Kinderkraft im
Mannesalter erkämpfen. Ich sage nicht, dass unsere Lage
deshalb unbedingt ungünstiger ist als es Deine war, sie ist
jener vielmehr wahrscheinlich gleichwertig—(wobei allerdings die Grundanlagen nicht verglichen sind), nur darin
sind wir im Nachteil, dass wir mit unserer Not uns nicht

wise, for instance, you ought to have been delighted
with Ottla's Zürau escapade—apart from the accom-
panying circumstances. She wanted to get back to the
country from which you had come, she wanted work
and hardship such as you had had, she did not want to
batten on the results of your work, just as you yourself
were independent of your father. Were those such
dreadful intentions? Was that so remote from your
example and your precept? Well, Ottla's intentions
finally came to nothing in practice, were indeed perhaps carried out in a somewhat ridiculous way, with
too much fuss, and she did not have enough consideration for her parents. But was that exclusively her fault
and not also the fault of the circumstances and, above
all, of the fact that you were so estranged from her?
Was she any less estranged from you (as you later tried
to convince yourself) in the business than afterwards
at Zürau? And would you not quite certainly have had
the power (assuming you could have brought yourself
to do so) to turn that escapade into something very
good by means of encouragement, advice, and super-
vision, perhaps even merely by means of toleration?

In connection with such experiences you used to
say, in bitter jest, that we were too well off. But that
joke is, in a sense, no joke at all. What you had to fight
for we received from your hand, but the fight for external life, a fight that was instantly open to you and
which we were, of course, not spared either, we had
to fight for only late in life, in our maturity but with
only childish strength. I do not say that our situation
is therefore inevitably less favorable than yours was, on
the contrary, it is probably no better and no worse
(although this is said without reference to our different
natures), only we have the disadvantage of not being

rühmen und niemanden mit ihr demütigen können, wie Du es mit Deiner Not getan hast. Ich leugne auch nicht, dass es möglich gewesen wäre, dass ich die Früchte Deiner grossen und erfolgreichen Arbeit wirklich richtig hätte geniessen, verwerten und mit ihnen zu Deiner Freude hätte weiterarbeiten können, dem aber stand eben unsere Entfremdung entgegen. Ich konnte, was Du gabst, geniessen, aber nur in Beschämung, Müdigkeit, Schwäche, Schuldbewusstsein. Deshalb konnte ich Dir für alles nur bettlerhaft dankbar sein, durch die Tat nicht.

Das nächste äussere Ergebnis dieser ganzen Erziehung war, dass ich alles floh, was nur von der Ferne an Dich erinnerte. Zuerst das Geschäft. An und für sich besonders in der Kinderzeit, solange es ein Gassengeschäft war, hätte es mich sehr freuen müssen, es war so lebendig, abends beleuchtet, man sah, man hörte viel, konnte hie und da helfen, sich auszeichnen, vor allem aber Dich bewundern in Deinen grossartigen kaufmännischen Talenten, wie Du verkauftest, Leute behandeltest, Spässe machtest, unermüdlich warst, in Zweifelsfällen sofort die Entscheidung wusstest und so weiter; noch wie Du einpacktest oder eine Kiste aufmachtest, war ein sehenswertes Schauspiel und das Ganze alles in allem gewiss nicht die schlechteste Kinderschule. Aber da Du allmählich von allen Seiten mich erschrecktest und Geschäft und Du sich mir deckten, war mir auch das Geschäft nicht mehr behaglich. Dinge, die mir dort zuerst selbstverständlich gewesen waren, quälten, beschämten mich, besonders Deine Behandlung des Personals. Ich weiss nicht, vielleicht ist sie in den meisten Geschäften so gewesen (in der Assecurazioni Generali, zum Beispiel, war sie zu meiner Zeit wirklich ähnlich, ich erklärte dort dem Direktor, nicht ganz wahr-

able to boast of our wretchedness and not being able to humiliate anyone with it as you have done with your wretchedness. Nor do I deny that it might have been possible for me to really enjoy the fruits of your great and successful work; that I could have turned them to good account and, to your joy, continued to work with them; but here again, our estrangement stood in the way. I could enjoy what you gave, but only in humiliation, weariness, weakness, and with a sense of guilt. That was why I could be grateful to you for everything only as a beggar is, and could never show it by doing the right things.

The next external result of this whole method of upbringing was that I fled everything that even remotely reminded me of you. First, the business. In itself, especially in my childhood, so long as it was a shop, I ought to have liked it very much, it was so full of life, lit up in the evening, there was so much to see and hear; one was able to help now and then, to distinguish oneself, and, above all, to admire you for your magnificent commercial talents, for the way you sold things, managed people, made jokes, were untiring, in case of doubt knew how to make the right decision immediately, and so forth; even the way you wrapped a parcel or opened a crate was a spectacle worth watching; all this was certainly not the worst school for a child. But since you gradually began to terrify me on all sides and the business and you became one for me, the business too made me feel uneasy. Things that had at first been a matter of course for me there now began to torment and shame me, particularly the way you treated the staff. I don't know, perhaps it was the same in most businesses (in the Assecurazioni Generali, for instance, in my time it was really similar, and the ex-

heitsgemäss, aber auch nicht ganz erlogen, meine Kündigung damit, dass ich das Schimpfen, das übrigens mich direkt gar nicht betroffen hatte, nicht ertragen könne; ich war darin zu schmerzhaft empfindlich schon von Hause her), aber die anderen Geschäfte kümmerten mich in der Kinderzeit nicht. Dich aber hörte und sah ich im Geschäft schreien, schimpfen und wüten, wie es meiner damaligen Meinung nach in der ganzen Welt nicht wieder vorkam. Und nicht nur schimpfen, auch sonstige Tyrannei. Wie Du zum Beispiel Waren, die Du mit anderen nicht verwechselt haben wolltest, mit einem Ruck vom Pult hinunterwarfst—nur die Besinnungslosigkeit Deines Zorns entschuldigte Dich ein wenig—und der Kommis sie aufheben musste. Oder Deine ständige Redensart hinsichtlich eines lungenkranken Kommis: "Er soll krepieren, der kranke Hund." Du nanntest die Angelstellten "bezahlte Feinde", das waren sie auch, aber noch ehe sie es geworden waren, schienst Du mir ihr "zahlender Feind" zu sein. Dort bekam ich auch die grosse Lehre, dass Du ungerecht sein konntest; an mir selbst hätte ich es nicht sobald bemerkt, da hatte sich ja zuviel Schuldgefühl angesammelt, das Dir recht gab; aber dort waren nach meiner, später natürlich ein wenig, aber nicht allzusehr korrigierten Kindermeinung fremde Leute, die doch für uns arbeiteten und dafür in fortwährender Angst vor Dir leben mussten. Natürlich übertrieb ich da, und zwar deshalb, weil ich ohneweiters annahm, Du wirktest auf die Leute ebenso schrecklich wie auf mich. Wenn das so gewesen wäre, hätten sie wirklich nicht leben können; da sie aber erwachsene Leute mit meist ausgezeichneten Nerven waren, schüttelten sie das Schimpfen ohne Mühe von sich ab und es schadete Dir schliesslich viel mehr als ihnen. Mir aber machte es das Geschäft unleidlich, es erinnerte mich allzusehr an mein Verhältnis zu Dir: Du warst, ganz abge-

planation I gave the director for my resignation was,
though not strictly in accordance with the truth, still
not entirely a lie: my not being able to bear the cursing and swearing, which incidentally had not actually
been directed at me; it was something to which I had
become too painfully sensitive from home), but in my
childhood other businesses did not concern me. But
you I heard and saw shouting, cursing, and raging in
the shop, in a way that in my opinion at that time had
no equal anywhere in the world. And not only cursing,
but other sorts of tyrannizing. For instance, the way
you pushed goods you did not want to have mixed up
with others off the counter—only the thoughtlessness
of your rage was some slight excuse—and how the clerk
had to pick them up. Or your constant comment about
a clerk who had TB: "The sooner he dies the better,
the mangy dog." You called the employees "paid ene-
mies," and that was what they were, but even before
they became that, you seemed to me to be their "pay-
ing enemy." There, too, I learned the great lesson that
you could be unjust; in my own case I would not have
noticed it so soon, for here was too much accumulated
sense of guilt, ready to admit that you were right; but
there, in my childish view—which later, of course, became somewhat modified, although not too much so—
were strangers, who were, after all, working for us and
for that reason had to live in constant dread of you.
Of course I exaggerated, because I simply assumed you
had as terrible an effect on these people as on me. If
it had been so, they could not have lived at all; since,
however, they were grown-up people, most of them
with excellent nerves, they shook off this abuse without
any trouble and in the end it did you much more harm
than it did them. But it made the business insufferable

sehen vom Unternehmerinteresse und abgesehen von Deiner Herrschsucht schon als Geschäftsmann allen, die jemals bei Dir gelernt haben, so sehr überlegen, dass Dich keine ihrer Leistungen befriedigen konnte, ähnlich ewig unbefriedigt musstest Du auch von mir sein. Deshalb gehörte ich notwendig zur Partei des Personals, übrigens auch deshalb, weil ich schon aus Ängstlichkeit nicht begriff, wie man einen Fremden so beschimpfen konnte, und darum aus Ängstlichkeit das meiner Meinung nach fürchterlich aufgebrachte Personal irgendwie mit Dir, mit unserer Familie schon um meiner eigenen Sicherheit willen aussöhnen wollte. Dazu genügte nicht mehr gewöhnliches, anständiges Benehmen gegenüber dem Personal, nicht einmal mehr bescheidenes Benehmen, vielmehr musste ich demütig sein, nicht nur zuerst grüssen, sondern womöglich auch noch den Gegengruss abwehren. Und hätte ich, die unbedeutende Person, ihnen unten die Füsse geleckt, es wäre noch immer kein Ausgleich dafür gewesen, wie Du, der Herr, oben auf sie loshacktest. Dieses Verhältnis, in das ich hier zu Mitmenschen trat, wirkte über das Geschäft hinaus und in die Zukunft weiter (etwas Ähnliches, aber nicht so gefährlich und tiefgreifend wie bei mir, ist zum Beispiel auch Ottlas Vorliebe für den Verkehr mit armen Leuten, das Dich so ärgernde Zusammensitzen mit den Dienstmädchen und dergleichen). Schliesslich fürchtete ich mich fast vor dem Geschäft, und jedenfalls war es schon längst nicht mehr meine Sache, ehe ich noch ins Gymnasium kam und dadurch noch weiter davon fortgeführt wurde. Auch schien es mir für meine Fähigkeiten ganz unerschwinglich, da es, wie Du sagtest, selbst die Deinigen verbrauchte. Du suchtest dann (für mich ist das heute rührend und beschämend) aus meiner Dich doch sehr schmerzenden Abneigung gegen das Geschäft, gegen Dein Werk, doch noch ein wenig Süssigkeit für Dich zu ziehen,

to me, reminding me far too much of my relations with you: quite apart from your proprietary interest and apart from your mania for domination even as a businessman, you were so greatly superior to all those who ever came to learn the business from you that nothing they ever did could satisfy you, and you must, as I assumed, in the same way be forever dissatisfied with me too. That was why I could not but side with the staff; incidentally also because, from sheer nervousness, I could not understand how anyone could be so abusive to a stranger, and hence from sheer nervousness tried somehow to reconcile the staff, which in my opinion must be in a terrible state of indignation, with you, with our family, if for no other reason than that of my own security. To this end it was not sufficient to behave in an ordinary decent way toward the staff, or even modestly; more than that, I had to be humble, not only be first to say "good morning" or "good evening," but if at all possible I had to prevent any return of the greeting. And even if I, insignificant creature that I was, down below, had licked their feet, it would still have been no compensation for the way that you, the master, were lashing out at them up above. This relationship that I came to have toward my fellow man extended beyond the limits of the business and on into the future (something similar, but not so dangerous and deep-going as in my case, is for instance Ottla's taste for associating with poor people, sitting together with the maids, which annoys you so much, and the like). In the end I was almost afraid of the business and, in any case, it had long ceased to be any concern of mine even before I went to the Gymnasium and hence was taken even further away from it. Besides, it seemed to be entirely beyond my resources and capaci-

indem Du behauptetest, mir fehle der Geschäftssinn, ich habe höhere Ideen im Kopf und dergleichen. Die Mutter freute sich natürlich über diese Erklärung, die Du Dir abzwangst, und auch ich in meiner Eitelkeit und Not liess mich davon beeinflussen. Wären es aber wirklich nur oder hauptsächlich die "höheren Ideen" gewesen, die mich vom Geschäft (das ich jetzt, aber erst jetzt, ehrlich und tatsächlich hasse) abbrachten, sie hätten sich anders äussern müssen, als dass sie mich ruhig und ängstlich durchs Gymnasium und durch das Jusstudium schwimmen liessen, bis ich beim Beamtenschreibtisch endgültig landete.

Wollte ich vor Dir fliehn, musste ich auch vor der Familie fliehn, selbst vor der Mutter. Man konnte bei ihr zwar immer Schutz finden, doch nur in Beziehung zur Dir. Zu sehr liebte sie Dich und war Dir zu sehr treu ergeben, als dass sie in dem Kampf des Kindes eine selbständige geistige Macht für die Dauer hätte sein können. Ein richtiger Instinkt des Kindes übrigens, denn die Mutter wurde Dir mit den Jahren immer noch enger verbunden; während sie immer, was sie selbst betraf, ihre Selbständigkeit in kleinsten Grenzen schön und zart und ohne Dich jemals wesentlich zu kränken, bewahrte, nahm sie doch mit den Jahren immer vollständiger, mehr im Gefühl als im Verstand, Deine Urteile und Verurteilungen hinsichtlich der Kinder blindlings über, besonders in dem allerdings schweren Fall der Ottla. Freilich muss man immer im Gedächtnis behalten, wie quälend und bis zum letzten aufreibend die Stellung der Mutter in der Familie war. Sie hat sich im Geschäft, im Haushalt geplagt, alle Krank-

ties, since, as you said, it exhausted even yours. You then tried (today this seems to me both touching and shaming) to extract, nevertheless, some little sweetness for yourself from my dislike of the business, of your work—a dislike that was after all very distressing to you —by asserting that I had no business sense, that I had loftier ideas in my head, and the like. Mother was, of course, delighted with this explanation that you wrung from yourself, and I too, in my vanity and wretchedness, let myself be influenced by it. But if it had really been only or mainly "loftier ideas" that turned me against the business (which I now, but only now, have come really and honestly to hate), they would have had to express themselves differently, instead of letting me float quickly and timidly through my schooling and my law studies until I finally landed at a clerk's desk.

If I was to escape from you, I had to escape from the family as well, even from Mother. True, one could always get protection from her, but only in relation to you. She loved you too much and was too devoted and loyal to you to have been for long an independent spiritual force in the child's struggle. This was, incidentally, a correct instinct of the child, for with the passing of the years Mother became ever more closely allied to you; while, where she herself was concerned, she always kept her independence, within the narrowest limits, delicately and beautifully, and without ever essentially hurting you, still, with the passing of the years she did more and more completely, emotionally rather than intellectually, blindly adopt your judgments and your condemnations with regard to the children, particularly in the case—certainly a grave one—of Ottla. Of course, it must always be borne in mind how tormenting and utterly wearing Mother's position in

heiten der Familie doppelt mitgelitten, aber die Krönung alles dessen war das, was sie in ihrer Zwischenstellung zwischen uns und Dir gelitten hat. Du bist immer liebend und rücksichtsvoll zu ihr gewesen, aber in dieser Hinsicht hast Du sie ganz genau so wenig geschont, wie wir sie geschont haben. Rücksichtslos haben wir auf sie eingehämmert, Du von Deiner Seite, wir von unserer. Es war eine Ablenkung, man dachte an nichts Böses, man dachte nur an den Kampf, den Du mit uns, den wir mit Dir führten, und auf der Mutter tobten wir uns aus. Es war auch kein guter Beitrag zur Kindererziehung, wie Du sie—ohne jede Schuld Deinerseits natürlich—unseretwegen quältest. Es rechtfertigte sogar scheinbar unser sonst nicht zu rechtfertigendes Benehmen ihr gegenüber. Was hat sie von uns Deinetwegen und von Dir unseretwegen gelitten, ganz ungerechnet jene Fälle, wo Du recht hattest, weil sie uns verzog, wenn auch selbst dieses 'Verziehn' manchmal nur eine stille, unbewusste Gegendemonstration gegen Dein System gewesen sein mag. Natürlich hätte die Mutter das alles nicht ertragen können, wenn sie nicht aus der Liebe zu uns allen und aus dem Glück dieser Liebe die Kraft zum Ertragen genommen hätte.

Die Schwestern gingen nur zum Teil mit mir. Am glücklichsten in ihrer Stellung zu Dir war Valli. Am nächsten der Mutter stehend, fügte sie sich Dir auch ähnlich, ohne viel Mühe und Schaden. Du nahmst sie aber auch, eben in Erinnerung an die Mutter, freundlicher hin, trotzdem wenig Kafka'sches Material in ihr war. Aber vielleicht war Dir gerade das recht; wo nichts Kafka'sches war, konntest selbst Du nichts Derartiges verlangen; Du hattest auch nicht, wie bei uns andern, das Gefühl, dass hier etwas verlorenging, das mit Gewalt gerettet werden müsste. Übrigens magst Du das Kafka'sche, soweit es sich in Frauen

the family was. She toiled in the business and in the house, and doubly suffered all the family illnesses, but the culmination of all this was what she suffered in her position between us and you. You were always affectionate and considerate toward her, but in this respect you spared her just as little as we spared her. We all hammered ruthlessly away at her, you from your side, we from ours. It was a diversion, nobody meant any harm, thinking of the battle that you were waging with us and that we were waging with you, and it was Mother on whom we relieved our wild feelings. Nor was it at all a good contribution to the children's upbringing the way you—of course, without being in the slightest to blame for it yourself—tormented her on our account. It even seemed to justify our otherwise unjustifiable behavior toward her. How she suffered from us on your account, and from you on our account, even without counting those cases in which you were in the right because she was spoiling us, even though this "spoiling" may sometimes have been only a quiet, unconscious counterdemonstration against your system. Of course, Mother could not have borne all this if she had not drawn the strength to bear it from her love for us all and her happiness in that love.

My sisters were only partly on my side. The one who was happiest in her relation to you was Valli. Being closest to Mother, she fell in with your wishes in a similar way, without much effort and without suffering much harm. And because she reminded you of Mother, you did accept her in a more friendly spirit, although there was little Kafka material in her. But perhaps that was precisely what you wanted; where there was nothing of the Kafka's, even you could not demand anything of the sort; nor had you the feeling, as with the rest of us, that something was getting lost

geäussert hat, niemals besonders geliebt haben. Das Verhältnis Vallis zu Dir wäre sogar vielleicht noch freundlicher geworden, wenn wir anderen es nicht ein wenig gestört hätten.

Die Elli ist das einzige Beispiel für das fast vollständige Gelingen eines Durchbruches aus Deinem Kreis. Von ihr hätte ich es in ihrer Kindheit am wenigsten erwartet. Sie war doch ein so schwerfälliges, müdes, furchtsames, verdrossenes, schuldbewusstes, überdemütiges, boshaftes, faules, genäschiges, geiziges Kind, ich konnte sie kaum ansehn, gar nicht ansprechen, so sehr erinnerte sie mich an mich selbst, so sehr ähnlich stand sie unter dem gleichen Bann der Erziehung. Besonders ihr Geiz war mir abscheulich, da ich ihn womöglich noch stärker hatte. Geiz ist ja eines der verlässlichsten Anzeichen tiefen Unglücklichseins; ich war so unsicher aller Dinge, dass ich tatsächlich nur das besass, was ich schon in den Händen oder im Mund hielt oder was wenigstens auf dem Wege dorthin war, und gerade das nahm sie, die in ähnlicher Lage war, mir am liebsten fort. Aber das alles änderte sich, als sie in jungen Jahren—das ist das Wichtigste—von zu Hause wegging, heiratete, Kinder bekam, sie wurde fröhlich, unbekümmert, mutig, freigebig, uneigennützig, hoffnungsvoll. Fast unglaublich ist es, wie Du eigentlich diese Veränderung gar nicht bemerkt und jedenfalls nicht nach Verdienst bewertet hast, so geblendet bist Du von dem Groll, den Du gegen Elli seit jeher hattest und im Grunde unverändert hast, nur dass dieser Groll jetzt viel weniger aktuell geworden ist, da Elli nicht mehr bei uns wohnt und ausserdem Deine Liebe zu Felix und die Zuneigung zu Karl ihn unwichtiger gemacht haben. Nur Gerti muss ihn manchmal noch entgelten.

which had to be saved by force. Besides, it may be that you were never particularly fond of the Kafka element as it manifested itself in women. Valli's relationship to you would perhaps have become even friendlier if the rest of us had not disturbed it somewhat.

Elli is the only example of the almost complete success of a breaking away from your orbit. When she was a child she was the last person I should have expected it of. For she was such a clumsy, tired, timid, bad-tempered, guilt-ridden, overmeek, malicious, lazy, greedy, miserly child, I could hardly bring myself to look at her, certainly not to speak to her, so much did she remind me of myself, in so very much the same way was she under the same spell of our upbringing. Her miserliness was especially abhorrent to me, since I had it to an, if possible, even greater extent. Miserliness is, after all, one of the most reliable signs of profound unhappiness; I was so unsure of everything that, in fact, I possessed only what I actually had in my hands or in my mouth or what was at least on the way there, and this was precisely what she, being in a similar situation, most enjoyed taking away from me. But all this changed when, at an early age—this is the most important thing—she left home, married, had children, and became cheerful, carefree, brave, generous, unselfish, and hopeful. It is almost incredible how you did not really notice this change at all, or at any rate did not give it its due, blinded as you were by the grudge you have always borne Elli and at bottom still bear her to this day; only this grudge matters much less now, since Elli no longer lives with us and, besides, your love for Felix and your affection for Karl have made it less important. Only Gerti sometimes has to suffer for it still.

63

Von Ottla wage ich kaum zu schreiben; ich weiss, ich setze damit die ganze erhoffte Wirkung des Briefes aufs Spiel. Unter gewöhnlichen Umständen, also wenn sie nicht etwa in besondere Not oder Gefahr käme, hast Du für sie nur Hass; Du hast mir ja selbst zugestanden, dass sie Deiner Meinung nach mit Absicht Dir immerfort Leid und Ärger macht, und während Du ihretwegen leidest, ist sie befriedigt und freut sich. Also eine Art Teufel. Was für eine ungeheure Entfremdung, noch grösser als zwischen Dir und mir, muss zwischen Dir und ihr eingetreten sein, damit eine so ungeheure Verkennung möglich wird. Sie ist so weit von Dir, dass Du sie kaum mehr siehst, sondern ein Gespenst an die Stelle setzt, wo Du sie vermutest. Ich gebe zu, dass Du es mit ihr besonders schwer hattest. Ich durchschaue ja den sehr komplizierten Fall nicht ganz, aber jedenfalls war hier etwas wie eine Art Löwy, ausgestattet mit den besten Kafka'schen Waffen. Zwischen uns war es kein eigentlicher Kampf; ich war bald erledigt; was übrigblieb war Flucht, Verbitterung, Trauer, innerer Kampf. Ihr zwei waret aber immer in Kampfstellung, immer frisch, immer bei Kräften. Ein ebenso grossartiger wie trostloser Anblick. Zu allererst seid ihr Euch ja gewiss sehr nahe gewesen, denn noch heute ist von uns vier Ottla vielleicht die reinste Darstellung der Ehe zwischen Dir und der Mutter und der Kräfte, die sich da verbanden. Ich weiss nicht, was Euch um das Glück der Eintracht zwischen Vater und Kind gebracht hat, es liegt mir nur nahe zu glauben, dass die Entwicklung ähnlich war wie bei mir. Auf Deiner Seite die Tyrannei Deines Wesens, auf ihrer Seite Löwyscher Trotz, Empfindlichkeit, Gerechtigkeitsgefühl, Unruhe, und alles das gestützt durch das Bewusstsein Kafka'scher Kraft. Wohl habe auch ich sie beeinflusst, aber kaum aus eigenem Antrieb, sondern durch die blosse Tatsache meines Daseins. Übrigens kam sie doch als letzte in

I scarcely dare write of Ottla; I know that by doing so I jeopardize the whole effect I hope for from this letter. In ordinary circumstances, that is, so long as she is not in particular need or danger, all you feel is only hatred for her; you yourself have confessed to me that in your opinion she is always intentionally causing you suffering and annoyance, and while you are suffering on her account she is satisfied and pleased. In other words, a sort of fiend. What an immense estrangement, greater still than that between you and me, must have come about between you and her, for such an immense misunderstanding to be possible. She is so remote from you that you scarcely see her any more; instead, you put a specter in the place where you suppose her to be. I grant you that you have had a particularly difficult time with her. I don't, of course, quite see to the bottom of this very complicated case, but at any rate here was something like a kind of Löwy, equipped with the best Kafka weapons. Between us there was no real struggle; I was soon finished off; what remained was flight, embitterment, melancholy, and inner struggle. But you two were always in a fighting position, always fresh, always energetic. A sight as magnificent as it was desperate. At the very beginning you were, I am sure, very close to each other, because of the four of us Ottla is even today perhaps the purest representation of the marriage between you and Mother and of the forces it combined. I don't know what it was that deprived you both of the happiness of the harmony between father and child, but I can't help believing that the development in this case was similar to that in mine. On your side there was the tyranny of your own nature, on her side the Löwy defiance, touchiness, sense of justice, restlessness, and all that backed by

schon fertige Machtverhältnisse hinein und konnte sich aus dem vielen bereitliegenden Material ihr Urteil selbst bilden. Ich kann mir sogar denken, dass sie in ihrem Wesen eine Zeitlang geschwankt hat, ob sie sich Dir an die Brust werfen soll oder den Gegnern, offenbar hast Du damals etwas versäumt und sie zurückgestossen, Ihr wäret aber, wenn es eben möglich gewesen wäre, ein prachtvolles Paar an Eintracht geworden. Ich hätte dadurch zwar einen Verbündeten verloren, aber der Anblick von Euch beiden hätte mich reich entschädigt, auch wärest ja Du durch das unabsehbare Glück, wenigstens in einem Kind volle Befriedigung zu finden, sehr zu meinen Gunsten verwandelt worden. Das alles ist heute allerdings nur ein Traum. Ottla hat keine Verbindung mit dem Vater, muss ihren Weg allein suchen, wie ich, und um das Mehr an Zuversicht, Selbstvertrauen, Gesundheit, Bedenkenlosigkeit, das sie im Vergleich mit mir hat, ist sie in Deinen Augen böser und verräterischer als ich. Ich verstehe das; von Dir aus gesehen kann sie nicht anders sein. Ja sie selbst ist imstande, mit Deinen Augen sich anzusehn, Dein Leid mitzufühlen und darüber—nicht verzweifelt zu sein, Verzweiflung ist meine Sache—aber sehr traurig zu sein. Du siehst uns zwar, in scheinbarem Widerspruch hiezu, oft beisammen, wir flüstern, lachen, hie und da hörst Du Dich erwähnen. Du hast den Eindruck von frechen Verschwörern. Merkwürdige Verschwörer. Du bist allerdings ein Hauptthema unserer Gespräche wie unseres Denkens seit jeher, aber wahrhaftig nicht, um etwas gegen Dich auszudenken, sitzen wir beisammen, sondern um mit aller Anstrengung, mit Spass, mit Ernst, mit Liebe, Trotz, Zorn, Widerwille, Ergebung, Schuldbewusstsein, mit allen Kräften des Kopfes und Herzens diesen schrecklichen Prozess, der zwischen uns und Dir schwebt, in allen Einzelheiten, von allen Seiten, bei allen Anlässen, von fern und nah gemeinsam durchzu-

the consciousness of the Kafka vigor. Doubtless I too influenced her, but scarcely of my own doing, simply through the fact of my existence. Besides, as the last to arrive, she found herself in a situation in which the balance of power was already established, and was able to form her own judgment from the large amount of material at her disposal. I can even imagine that she may, in her inmost being, have wavered for some time as to whether she should fling herself into your arms or into those of the adversaries; and it is obvious that at that time there was something you failed to do and that you rebuffed her, but if it had been possible, the two of you would have become a magnificently harmonious pair. That way I should have lost an ally, but the sight of you two would have richly compensated me; besides, the incredible happiness of finding complete contentment at least in one child would have changed you much to my advantage. All this, however, is today only a dream. Ottla has no contact with her father and has to seek her way alone, like me, and the degree of confidence, self-confidence, health, and ruthlessness by which she surpasses me makes her in your eyes more wicked and treacherous than I seem to you. I understand that. From your point of view she can't be different. Indeed, she herself is capable of regarding herself with your eyes, of feeling what you suffer and of being—not desperate (despair is my business) but very sad. You do see us together often enough, in apparent contradiction to this, whispering and laughing, and now and then you hear us mentioning you. The impression you get is that of impudent conspirators. Strange conspirators. You are, admittedly, a chief subject of our conversations, as of our thoughts ever since we can remember, but truly,

sprechen, diesen Prozess, in dem Du immerfort Richter zu
sein behauptest, während Du, wenigstens zum grössten
Teil (hier lasse ich die Tür allen Irrtümern offen, die mir
natürlich begegnen können) ebenso schwache und ver-
blendete Partei bist wie wir.

Ein im Zusammenhang des Ganzen lehrreiches Beispiel
Deiner erzieherischen Wirkung war Irma. Einerseits war
sie doch eine Fremde, kam schon erwachsen in Dein Geschäft, hatte mit Dir hauptsächlich als ihrem Chef zu tun,
war also nur zum Teil und in einem schon widerstands-
fähigen Alter Deinem Einfluss ausgesetzt; andererseits aber
war sie doch auch eine Blutsverwandte, verehrte in Dir
den Bruder ihres Vaters, und Du hattest über sie viel mehr
als die blosse Macht eines Chefs. Und trotzdem ist sie, die
in ihrem schwachen Körper so tüchtig, klug, fleissig, be-
scheiden, vertrauenswürdig, uneigennützig, treu war, die
Dich als Onkel liebte und als Chef bewunderte, die in
anderen Posten vorher und nachher sich bewährte, Dir
keine sehr gute Beamtin gewesen. Sie war eben, natürlich
auch von uns hingedrängt, Dir gegenüber nahe der Kinder-
stellung, und so gross war noch ihr gegenüber die umbie-
gende Macht Deines Wesens, dass sich bei ihr (allerdings
nur Dir gegenüber und, hoffentlich, ohne das tiefere Leid
des Kindes) Vergesslichkeit, Nachlässigkeit, Galgenhumor,
vielleicht sogar ein wenig Trotz, soweit sie dessen überhaupt fähig war, entwickelten, wobei ich gar nicht in
Rechnung stelle, dass sie kränklich gewesen ist, auch sonst
nicht sehr glücklich war und eine trostlose Häuslichkeit auf

not in order to plot against you do we sit together, but in order to discuss—with all our might and main, jokingly and seriously, in affection, defiance, anger, revulsion, submission, consciousness of guilt, with all the resources of our heads and hearts—this terrible trial that is pending between us and you, to examine it in all its details, from all sides, on all occasions, from far and near—a trial in which you keep on claiming to be the judge, whereas, at least in the main (here I leave a margin for all the mistakes I may naturally make) you are a party too, just as weak and deluded as we are.

An example of the effect of your methods of upbringing, one that is very instructive in the context of the whole situation, is the case of Irma. On the one hand, she was, after all, a stranger, already grown up when she entered your business, and had to deal with you mainly as her employer, so that she was only partially exposed to your influence, and this at an age when she had already developed powers of resistance; yet, on the other hand, she was also a blood relation, venerating you as her father's brother, and the power you had over her was far greater than that of a mere employer. And despite all this she, who, with her frail body, was so efficient, intelligent, hard-working, modest, trustworthy, unselfish and loyal, who loved you as her uncle and admired you as her employer, she who proved herself in previous and in subsequent positions, was not a very good clerk to you. Her relationship with you was, in fact, nearly that of one of your children—pushed, naturally, by us, too—and the power of your personality to bend others was, even in her case, so great that (admittedly only in relation to you and, it is to be hoped, without the deeper suffering of a child) she developed forgetfulness, carelessness, a sardonic

ihr lastete. Das für mich Beziehungsreiche Deines Verhältnisses zu ihr hast Du in einem für uns klassisch gewordenen, fast gotteslästerlichen, aber gerade für die Unschuld
in Deiner Menschenbehandlung sehr beweisenden Satz zu-
sammengefasst: "Die Gottselige hat mir viel Schweinerei
hinterlassen."

Ich könnte noch weitere Kreise Deines Einflusses und
des Kampfes gegen ihn beschreiben, doch käme ich hier
schon ins Unsichere und müsste konstruieren, ausserdem
wirst Du ja, je weiter Du von Geschäft und Familie Dich
entfernst, seit jeher desto freundlicher, nachgiebiger, höf-
licher, rücksichtsvoller, teilnehmender (ich meine: auch
äusserlich) ebenso wie ja zum Beispiel auch ein Selbst-
herrscher, wenn er einmal ausserhalb der Grenzen seines
Landes ist, keinen Grund hat, noch immer tyrannisch zu
sein, und sich gutmütig auch mit den niedrigsten Leuten
einlassen kann. Tatsächlich standest Du zum Beispiel auf
den Gruppenbildern aus Franzensbad immer so gross und
fröhlich zwischen den kleinen mürrischen Leuten, wie ein
König auf Reisen. Davon hätten allerdings auch die Kinder
ihren Vorteil haben können, nur hätten sie schon, was unmöglich war, in der Kinderzeit fähig sein müssen, das zu
erkennen, und ich zum Beispiel hätte nicht immerfort gewissermassen im innersten, strengsten, zuschnürenden Ring
Deines Einflusses wohnen dürfen, wie ich es ja wirklich
getan habe.

Ich verlor dadurch nicht nur den Familiensinn, wie Du
sagst, im Gegenteil, eher hatte ich noch Sinn für die Familie, allerdings hauptsächlich negativ für die (natürlich
nie zu beendigende) innere Ablösung von Dir. Die Be-

sort of humor, and perhaps even a shade of defiance, in so far as she was capable of that at all. And I do not even take into account that she was ailing, and not very happy in other respects either, and that she was burdened by a bleak home life. What was so illuminating to me in your relation to her, you yourself summed up in a remark that became classical for us, one that was almost blasphemous, but at the same time extraordinary evidence of the naïveté of your way of treating people: "The late lamented has left me quite a mess."

I might go on to describe further orbits of your influence and of the struggle against it, but there I would be entering uncertain ground and would have to construct things, and apart from that, the farther you are away from your business and your family, the pleasanter you have always become, easier to get on with, better mannered, more considerate, and more sympathetic (I mean outwardly, too), in exactly the same way as for instance an autocrat, when he happens to be outside the frontiers of his own country, has no reason to go on being tyrannical and is able to associate good-humoredly even with the lowest of the low. In point of fact, in the group photographs taken at Franzensbad, for instance, you always looked as big and jolly, among those sulky little people, as a king on his travels. This was something, I grant you, from which your children might have benefited too, if they had been capable of recognizing this even as little children, which was impossible; and if I, for one, had not had to live constantly within the inmost, strictest, binding ring of your influence, as, in fact, I did.

Not only did I lose my family feeling, as you say; on the contrary, I did indeed have a feeling about the family, mostly in a negative sense, concerned with the breaking away from you (which, of course, could

ziehungen zu den Menschen ausserhalb der Familie litten
aber durch Deinen Einfluss womöglich noch mehr. Du
bist durchaus im Irrtum, wenn Du glaubst, für die anderen Menschen tue ich aus Liebe und Treue alles, für Dich
und die Familie aus Kälte und Verrat nichts. Ich wieder-
hole zum zehntenmal: ich wäre wahrscheinlich auch sonst
ein menschenscheuer, ängstlicher Mensch geworden, aber
von da ist noch ein langer, dunkler Weg dorthin, wohin
ich wirklich gekommen bin. (Bisher habe ich in diesem
Brief verhältnismässig weniges absichtlich verschwiegen,
jetzt und später werde ich aber einiges verschweigen müssen, was—vor Dir und mir—einzugestehen, mir noch zu
schwer ist. Ich sage das deshalb, damit Du, wenn das Ge-
samtbild hie und da etwas undeutlich werden sollte, nicht
glaubst, dass Mangel an Beweisen daran schuld ist, es sind
vielmehr Beweise da, die das Bild unerträglich krass machen könnten. Es ist nicht leicht, darin eine Mitte zu
finden.) Hier genügt es übrigens, an Früheres zu erinnern:
Ich hatte vor Dir das Selbstvertrauen verloren, dafür ein
grenzenloses Schuldbewusstsein eingetauscht. (In Erinnerung an diese Grenzenlosigkeit schrieb ich von jemandem
einmal richtig: "Er fürchtet, die Scham werde ihn noch
überleben.") Ich konnte mich nicht plötzlich verwandeln,
wenn ich mit anderen Menschen zusammenkam, ich kam
vielmehr ihnen gegenüber noch in tieferes Schuldbewusstsein, denn ich musste ja, wie ich schon sagte, das an ihnen
gutmachen, was Du unter meiner Mitverantwortung im
Geschäft an ihnen verschuldet hattest. Ausserdem hattest
Du ja gegen jeden, mit dem ich verkehrte, offen oder im
Geheimen etwas einzuwenden, auch das musste ich ihm
abbitten. Das Misstrauen, das Du mir in Geschäft und
Familie gegen die meisten Menschen beizubringen suchtest (nenne mir einen in der Kinderzeit irgendwie für mich
bedeutenden Menschen, den Du nicht wenigstens einmal
bis in den Grund hinunterkritisiert hättest) und das Dich

never be done completely). Relations with people outside the family, however, suffered possibly still more under your influence. You are entirely mistaken if you believe I do everything for other people out of affection and loyalty, and for you and the family nothing, out of coldness and betrayal. I repeat for the tenth time: even in other circumstances I should probably have become a shy and nervous person, but it is a long dark road from there to where I have really come. (Up to now I have intentionally passed over in silence relatively little in this letter, but now and later I shall have to keep silent about some things that are still too hard for me to confess—to you and to myself. I say this in order that, if the picture as a whole should be somewhat blurred here and there, you should not believe that this is due to lack of evidence; on the contrary, there is evidence that might well make the picture unbearably stark. It is not easy to find a middle way.) Here, it is enough to remind you of early days. I had lost my self-confidence where you were concerned, and in its place had developed a boundless sense of guilt. (In recollection of this boundlessness I once wrote of someone, accurately: "He is afraid the shame will outlive him, even.") I could not suddenly change when I was with other people; rather, I came to feel an even deeper sense of guilt with them, for, as I have already said, I had to make up to them for the wrongs you had done them in your business, wrongs in which I too had my share of responsibility. Besides, you always had some objection to make, frankly or covertly, about everyone I associated with, and for this too I had to atone. The mistrust that you tried to instill into me toward most people, at business and at home (name a single person who was of importance to me in my childhood whom you didn't at

73

merkwürdigerweise gar nicht besonders beschwerte (Du warst eben stark genug es zu ertragen, ausserdem war es in Wirklichkeit vielleicht nur ein Emblem des Herrschers)— dieses Misstrauen, das sich mir Kleinem für die eigenen Augen nirgends bestätigte, da ich überall nur unerreichbar ausgezeichnete Menschen sah, wurde in mir zu Misstrauen zu mir selbst und zur fortwährenden Angst vor allem andern. Dort konnte ich mich also im allgemeinen vor Dir gewiss nicht retten. Dass Du Dich darüber täuschtest, lag vielleicht daran, dass Du ja von meinem Menschenverkehr eigentlich gar nichts erfuhrst, und misstrauisch und eifersüchtig (leugne ich denn, dass Du mich lieb hast?) annahmst, dass ich mich für den Entgang an Familienleben anderswo entschädigen müsse, da es doch unmöglich wäre, dass ich draussen ebenso lebe. Übrigens hatte ich in dieser Hinsicht gerade in meiner Kinderzeit noch einen gewissen Trost eben im Misstrauen zu meinem Urteil; ich sagte mir: "Du übertreibst doch, fühlst, wie das die Jugend immer tut, Kleinigkeiten zu sehr als grosse Ausnahmen." Diesen Trost habe ich aber später bei steigender Weltübersicht fast verloren.

Ebensowenig Rettung vor Dir fand ich im Judentum. Hier wäre ja an sich Rettung denkbar gewesen, aber noch mehr, es wäre denkbar gewesen, dass wir uns beide im Judentum gefunden hätten oder dass wir gar von dort einig ausgegangen wären. Aber was war das für Judentum, das ich von Dir bekam! Ich habe im Laufe der Jahre etwa auf dreierlei Art mich dazu gestellt.

Als Kind machte ich mir, in Übereinstimmung mit Dir, Vorwürfe deshalb, weil ich nicht genügend in den Tem-

least once tear to shreds with your criticism), was, oddly enough, of no particular burden to you (you were strong enough to bear it; besides, it was perhaps really only a token of the autocrat). This mistrust (which was nowhere confirmed in the eyes of the little boy, since everywhere I saw only people excellent beyond any hope of emulation) turned in me to mistrust of myself and perpetual anxiety about everything else. There, then, I was in general certain of not being able to escape from you. That you were mistaken on this point was perhaps due to your actually never learning anything about my association with other people; and mistrustfully and jealously (I don't deny, do I, that you are fond of me?) you assumed that I had to compensate elsewhere for the lack of a family life, since it must be impossible that away from home I should live in the same way. Incidentally, in this respect, it was precisely in my childhood that I did find a certain comfort in my very mistrust of my own judgment. I would say to myself: "Oh, you're exaggerating, you tend too much to feel trivialities as great exceptions, the way young people always do." But this comfort I later lost almost entirely, when I gained a clearer perspective of the world.

I found as little escape from you in Judaism. Here some measure of escape would have been thinkable in principle, moreover, it would have been thinkable that we might both have found each other in Judaism or that we even might have begun from there in harmony. But what sort of Judaism was it that I got from you? In the course of the years, I have taken roughly three different attitudes to it.

As a child I reproached myself, in accord with you, for not going to the synagogue often enough, for not

75

pel ging, nicht fastete und so weiter. Ich glaubte nicht
mir, sondern Dir ein Unrecht damit zu tun und Schuldbewusstsein, das ja immer bereit war, durchlief mich.

Später, als junger Mensch, verstand ich nicht, wie Du
mit dem Nichts von Judentum, über das Du verfügtest,
mir Vorwürfe deshalb machen konntest, dass ich (schon
aus Pietät, wie Du Dich ausdrücktest) nicht ein ähnliches
Nichts auszuführen mich anstrenge. Es war ja wirklich,
soweit ich sehen konnte, ein Nichts, ein Spass, nicht einmal ein Spass. Du gingst an vier Tagen im Jahr in den
Tempel, warst dort den Gleichgültigen zumindest näher
als jenen, die es ernst nahmen, erledigtest geduldig die
Gebete als Formalität, setztest mich manchmal dadurch
in Erstaunen, dass Du mir im Gebetbuch die Stelle zeigen
konntest, die gerade rezitiert wurde, im übrigen durfte ich,
wenn ich nur (das war die Hauptsache) im Tempel war,
mich herumdrücken, wo ich wollte. Ich durchgähnte und
durchduselte also dort die vielen Stunden (so gelangweilt
habe ich mich später, glaube ich, nur noch in der Tanz-
stunde) und suchte mich möglichst an den paar kleinen
Abwechslungen zu freuen, die es dort gab, etwa wenn die
Bundeslade aufgemacht wurde, was mich immer an die
Schiessbuden erinnerte, wo auch, wenn man in ein Schwar-
zes traf, eine Kastentür sich aufmachte, nur dass dort aber
immer etwas Interessantes herauskam und hier nur immer
wieder die alten Puppen ohne Köpfe. Übrigens habe ich
dort auch viel Furcht gehabt, nicht nur, wie selbstverständlich, vor den vielen Leuten, mit denen man in nähere
Berührung kam, sondern auch deshalb, weil Du einmal
nebenbei erwähntest, dass auch ich zur Thora aufgerufen
werden könne. Davor zitterte ich jahrelang. Sonst aber
wurde ich in meiner Langweile nicht wesentlich gestört,

fasting, and so on. I thought that in this way I was doing a wrong not to myself but to you, and I was penetrated by a sense of guilt, which was, of course, always ready to hand.

Later, as a young man, I could not understand how, with the insignificant scrap of Judaism you yourself possessed, you could reproach me for not making an effort (for the sake of piety at least, as you put it) to cling to a similar, insignificant scrap. It was indeed, so far as I could see, a mere nothing, a joke—not even a joke. Four days a year you went to the synagogue, where you were, to say the least, closer to the indifferent than to those who took it seriously, patiently went through the prayers as a formality, sometimes amazed me by being able to show me in the prayer book the passage that was being said at the moment, and for the rest, so long as I was present in the synagogue (and this was the main thing) I was allowed to hang about wherever I liked. And so I yawned and dozed through the many hours (I don't think I was ever again so bored, except later at dancing lessons) and did my best to enjoy the few little bits of variety there were, as for instance when the Ark of the Covenant was opened, which always reminded me of the shooting galleries where a cupboard door would open in the same way whenever one hit a bull's eye; except that there something interesting always came out and here it was always just the same old dolls without heads. Incidentally, it was also very frightening for me there, not only, as goes without saying, because of all the people one came into close contact with, but also because you once mentioned in passing that I too might be called to the Torah. That was something I dreaded

höchstens durch die Barmizwe, die aber nur lächerliches Auswendiglernen verlangte, also nur zu einer lächerlichen Prüfungsleistung führte, und dann, was Dich betrifft, durch kleine, wenig bedeutende Vorfälle, etwa wenn Du zur Thora gerufen wurdest und dieses für mein Gefühl ausschliesslich gesellschaftliche Ereignis gut überstandest oder wenn Du bei der Seelengedächtnisfeier im Tempel bliebst und ich weggeschickt wurde, was mir durch lange Zeit, offenbar wegen des Weggeschicktwerdens und mangels jeder tieferen Teilnahme, das kaum bewusst werdende Gefühl hervorrief, dass es sich hier um etwas Unanständiges handle.—So war es im Tempel, zu Hause war es womöglich noch ärmlicher und beschränkte sich auf den ersten Sederabend, der immer mehr zu einer Komödie mit Lachkrämpfen wurde, allerdings unter dem Einfluss der grösser werdenden Kinder. (Warum musstest Du Dich diesem Einfluss fügen? Weil Du ihn hervorgerufen hast.) Das war also das Glaubensmaterial, das mir überliefert wurde, dazu kam höchstens noch die ausgestreckte Hand, die auf "die Söhne des Millionärs Fuchs" hinwies, die an hohen Feiertagen mit ihrem Vater im Tempel waren. Wie man mit diesem Material etwas Besseres tun könnte, als es möglichst schnell loszuwerden, verstand ich nicht; gerade dieses Loswerden schien mir die pietätvollste Handlung zu sein.

Noch später sah ich es aber doch wieder anders an und begriff, warum Du glauben durftest, dass ich Dich auch in dieser Hinsicht böswillig verrate. Du hattest aus der kleinen ghettoartigen Dorfgemeinde wirklich noch etwas Judentum mitgebracht, es war nicht viel und verlor sich

for years. But otherwise I was not fundamentally disturbed in my boredom, unless it was by the *bar mitzvah*, but that demanded no more than some ridiculous memorizing, in other words, it led to nothing but some ridiculous passing of an examination; and, so far as you were concerned, by little, not very significant incidents, as when you were called to the Torah and passed, in what to my way of feeling was a purely social event; or when you stayed on in the synagogue for the prayers for the dead, and I was sent away, which for a long time—obviously because of the being-sent-away and the lack of any deeper interest—aroused in me the more or less unconscious feeling that something indecent was about to take place.—That's how it was in the synagogue; at home it was, if possible, even poorer, being confined to the first Seder, which more and more developed into a farce, with fits of hysterical laughter, admittedly under the influence of the growing children. (Why did you have to give way to that influence? Because you had brought it about.) This was the religious material that was handed on to me, to which may be added at most the outstretched hand pointing to "the sons of the millionaire Fuchs," who attended the synagogue with their father on the high holy days. How one could do anything better with that material than get rid of it as fast as possible, I could not understand; precisely the getting rid of it seemed to me to be the devoutest action.

Still later, I did see it again differently and realized why it was possible for you to think that in this respect too I was malevolently betraying you. You really had brought some traces of Judaism with you from the ghetto-like village community; it was not much and it

noch ein wenig in der Stadt und beim Militär, immerhin
reichten noch die Eindrücke und Erinnerungen der Jugend
knapp zu einer Art jüdischen Lebens aus, besonders da Du
ja nicht viel derartige Hilfe brauchtest, sondern von einem
sehr kräftigen Stamm warst und für Deine Person von re-
ligiösen Bedenken, wenn sie nicht mit gesellschaftlichen
Bedenken sich sehr mischten, kaum erschüttert werden
konntest. Im Grund bestand der Dein Leben führende
Glaube darin, dass Du an die unbedingte Richtigkeit der
Meinungen einer bestimmten jüdischen Gesellschaftsklasse
glaubtest und eigentlich also, da diese Meinungen zu
Deinem Wesen gehörten, Dir selbst glaubtest. Auch darin
lag noch genug Judentum, aber zum Weiter-Überliefert-
werden war es gegenüber dem Kind zu wenig, es vertropfte
zur Gänze, während Du es weitergabst. Zum Teil waren es
unüberlieferbare Jugendeindrücke, zum Teil Dein gefürch-
tetes Wesen. Es war auch unmöglich, einem vor lauter
Ängstlichkeit überscharf beobachtenden Kind begreiflich
zu machen, dass die paar Nichtigkeiten, die Du im Namen
des Judentums mit einer ihrer Nichtigkeit entsprechenden
Gleichgültigkeit ausführtest, einen höheren Sinn haben
konnten. Für Dich hatten sie Sinn als kleine Andenken
aus früheren Zeiten, und deshalb wolltest Du sie mir ver-
mitteln, konntest dies aber, da sie ja auch für Dich keinen
Selbstwert mehr hatten, nur durch Überredung oder Drohung tun; das konnte einerseits nicht gelingen und musste
andererseits Dich, da Du Deine schwache Position hier
gar nicht erkanntest, sehr zornig gegen mich wegen meiner scheinbaren Verstocktheit machen.

Das Ganze ist ja keine vereinzelte Erscheinung, ähnlich
verhielt es sich bei einem grossen Teil dieser jüdischen
Übergangsgeneration, welche vom verhältnismässig noch
frommen Land in die Städte auswanderte; das ergab sich

dwindled a little more in the city and during your military service; but still, the impressions and memories of your youth did just about suffice for some sort of Jewish life, especially since you did not need much help of that kind, but came of robust stock and could personally scarcely be shaken by religious scruples unless they were strongly mixed with social scruples. At bottom the faith that ruled your life consisted in your believing in the unconditional rightness of the opinions of a certain class of Jewish society, and hence actually, since these opinions were part and parcel of your own nature, in believing in yourself. Even in this there was still Judaism enough, but it was too little to be handed on to the child; it all dribbled away while you were passing it on. In part, it was youthful memories that could not be passed on to others; in part, it was your dreaded personality. It was also impossible to make a child, overacutely observant from sheer nervousness, understand that the few flimsy gestures you performed in the name of Judaism, and with an indifference in keeping with their flimsiness, could have any higher meaning. For you they had meaning as little souvenirs of earlier times, and that was why you wanted to pass them on to me, but since they no longer had any intrinsic value even for you, you could do this only through persuasion or threat: on the one hand, this could not be successful, and on the other, it had to make you very angry with me on account of my apparent obstinacy, since you did not recognize the weakness of your position in this.

The whole thing is, of course, no isolated phenomenon. It was much the same with a large section of this transitional generation of Jews, which had migrated from the still comparatively devout countryside to the

von selbst, nur fügte es eben unserem Verhältnis, das ja an Schärfen keinen Mangel hatte, noch eine genug schmerzliche hinzu. Dagegen sollst Du zwar auch in diesem Punkt, ebenso wie ich, an Deine Schuldlosigkeit glauben, diese Schuldlosigkeit aber durch Dein Wesen und durch die Zeitverhältnisse erklären, nicht aber bloss durch die äusseren Umstände, also nicht etwa sagen, Du hättest zu viel andere Arbeit und Sorgen gehabt, als dass Du Dich auch noch mit solchen Dingen hättest abgeben können. Auf diese Weise pflegst Du aus Deiner zweifellosen Schuldlosigkeit einen ungerechten Vorwurf gegen andere zu drehen. Das ist dann überall und auch hier sehr leicht zu widerlegen. Es hätte sich doch nicht etwa um irgendeinen Unterricht gehandelt, den Du Deinen Kindern hättest geben sollen, sondern um ein beispielhaftes Leben; wäre Dein Judentum stärker gewesen, wäre auch Dein Beispiel zwingender gewesen, das ist ja selbstverständlich und wieder gar kein Vorwurf, sondern nur eine Abwehr Deiner Vorwürfe. Du hast letzthin Franklins Jugenderinnerungen gelesen. Ich habe sie Dir wirklich absichtlich zum Lesen gegeben, aber nicht, wie Du ironisch bemerktest, wegen einer kleinen Stelle über Vegetarianismus, sondern wegen des Verhältnisses zwischen dem Verfasser und seinem Vater, wie es dort beschrieben ist, und des Verhältnisses zwischen dem Verfasser und seinem Sohn, wie es sich von selbst in diesen für den Sohn geschriebenen Erinnerungen ausdrückt. Ich will hier nicht Einzelheiten hervorheben.

Eine gewisse nachträgliche Bestätigung dieser Auffassung von Deinem Judentum bekam ich auch durch Dein Verhalten in den letzten Jahren, als es Dir schien, dass ich mich mit jüdischen Dingen mehr beschäftige. Da Du von vornherein gegen jede meiner Beschäftigungen und besonders gegen die Art meiner Interessennahme eine Abneigung hast, so hattest Du sie auch hier. Aber darüber

cities. It happened automatically; only, it added to our relationship, which certainly did not lack in acrimony, one more, sufficiently painful source for it. Although you ought to believe, as I do, in your guiltlessness in this matter too, you ought to explain this guiltlessness by your nature and by the conditions of the times, not merely by external circumstances; that is, not by saying, for instance, that you had too much work and too many other worries to be able to bother with such things as well. In this manner you tend to twist your undoubted guiltlessness into an unjust reproach to others. That can be very easily refuted everywhere and here too. It was not a matter of any sort of instruction you ought to have given your children, but of an exemplary life. Had your Judaism been stronger, your example would have been more compelling too; this goes without saying and is, again, by no means a reproach, but only a refutation of your reproaches. You have recently been reading Franklin's memoirs of his youth. I really did purposely give you this book to read, though not, as you ironically commented, because of a little passage on vegetarianism, but because of the relationship between the author and his father, as it is there described, and of the relationship between the author and his son, as it is spontaneously revealed in these memoirs written for that son. I do not wish to dwell here on matters of detail.

I have received a certain retrospective confirmation of this view of your Judaism from your attitude in recent years, when it seemed to you that I was taking more interest in Jewish matters. As you have in advance an aversion to every one of my activities and especially to the nature of my interest, so you have had it here too. But in spite of this, one could have

hinaus hätte man doch erwarten können, dass Du hier eine kleine Ausnahme machst. Es war doch Judentum von Deinem Judentum, das sich hier regte, und damit also auch die Möglichkeit der Anknüpfung neuer Beziehungen zwischen uns. Ich leugne nicht, dass mir diese Dinge, wenn Du für sie Interesse gezeigt hättest, gerade dadurch hätten verdächtig werden können. Es fällt mir ja nicht ein, behaupten zu wollen, dass ich in dieser Hinsicht irgendwie besser bin als Du. Aber zu der Probe darauf kam es gar nicht. Durch meine Vermittlung wurde Dir das Judentum abscheulich, jüdische Schriften unlesbar, sie 'ekelten Dich an'.—Das konnte bedeuten, dass Du darauf bestandest, nur gerade das Judentum, wie Du es mir in meiner Kinderzeit gezeigt hattest, sei das einzig Richtige, darüber hinaus gebe es nichts. Aber dass Du darauf bestehen solltest, war doch kaum denkbar. Dann aber konnte der 'Ekel' (abgesehen davon, dass er sich zunächst nicht gegen das Judentum, sondern gegen meine Person richtete) nur bedeuten, dass Du unbewusst die Schwäche Deines Judentums und meiner jüdischen Erziehung anerkanntest, auf keine Weise daran erinnert werden wolltest und auf alle Erinnerungen mit offenem Hasse antwortetest. Übrigens war Deine negative Hochschätzung meines neuen Judentums sehr übertrieben; erstens trug es ja Deinen Fluch in sich und zweitens war für seine Entwicklung das grundsätzliche Verhältnis zu den Mitmenschen entscheidend, in meinem Fall also tödlich.

Richtiger trafst Du mit Deiner Abneigung mein Schreiben und was, Dir unbekannt, damit zusammenhing. Hier war ich tatsächlich ein Stück selbständig von Dir weggekommen, wenn es auch ein wenig an den Wurm erinnerte, der, hinten von einem Fuss niedergetreten, sich mit dem Vorderteil losreisst und zur Seite schleppt. Einigermassen in Sicherheit war ich, es gab ein Aufatmen; die Abneigung,

expected that in this case you would make a little exception. It was, after all, Judaism of your Judaism that was here stirring, and with it also the possibility to enter into a new relationship between us. I do not deny that, had you shown interest in them, these things might, for that very reason, have become suspect in my eyes. I do not even dream of asserting that I am in this respect any better than you are. But it never came to the test. Through my intervention Judaism became abhorrent to you, Jewish writings unreadable; they "nauseated" you.—This may have meant you insisted that only that Judaism which you had shown me in my childhood was the right one, and beyond it there was nothing. Yet that you should insist on it was really hardly thinkable. But then the "nausea" (apart from the fact that it was directed primarily not against Judaism but against me personally) could only mean that unconsciously you did acknowledge the weakness of your Judaism and of my Jewish upbringing, did not wish to be reminded of it in any way, and reacted to any reminder with frank hatred. Incidentally, your negative high esteem of my new Judaism was much exaggerated; first of all, it bore your curse within it, and secondly, in its development the fundamental relationship to one's fellow men was decisive, in my case that is to say fatal.

You struck nearer home with your aversion to my writing and to everything that, unknown to you, was connected with it. Here I had, in fact, got some distance away from you by my own efforts, even if it was slightly reminiscent of the worm that, when a foot treads on its tail end, breaks loose with its front part and drags itself aside. To a certain extent I was in

die Du natürlich auch gleich gegen mein Schreiben hattest, war mir hier ausnahmsweise willkommen. Meine Eitelkeit, mein Ehrgeiz litten zwar unter Deiner für uns berühmt gewordenen Begrüssung meiner Bücher: "Legs auf den Nachttisch!" (meistens spieltest Du ja Karten, wenn ein Buch kam), aber im Grunde war mir dabei doch wohl, nicht nur aus aufbegehrender Bosheit, nicht nur aus Freude über eine neue Bestätigung meiner Auffassung unseres Verhältnisses, sondern ganz ursprünglich, weil jene Formel mir klang wie etwa: "Jetzt bist Du frei!" Natürlich war es eine Täuschung, ich war nicht oder allergünstigsten Falles noch nicht frei. Mein Schreiben handelte von Dir, ich klagte dort ja nur, was ich an Deiner Brust nicht klagen konnte. Es war ein absichtlich in die Länge gezogener Abschied von Dir, nur dass er zwar von Dir erzwungen war, aber in der von mir bestimmten Richtung verlief. Aber wie wenig war das alles! Es ist ja überhaupt nur deshalb der Rede wert, weil es sich in meinem Leben ereignet hat, anderswo wäre es gar nicht zu merken, und dann noch deshalb, weil es mir in der Kindheit als Ahnung, später als Hoffnung, noch später oft als Verzweiflung mein Leben beherrschte und mir—wenn man will, doch wieder in Deiner Gestalt—meine paar kleinen Entscheidungen diktierte.

Zum Beispiel die Berufswahl. Gewiss, Du gabst mir hier völlige Freiheit in Deiner grosszügigen und in diesem Sinn sogar geduldigen Art. Allerdings folgtest Du hiebei auch der für Dich massgebenden allgemeinen Söhnebehandlung des jüdischen Mittelstandes oder zumindest den Werturteilen dieses Standes. Schliesslich wirkte hiebei auch eines Deiner Missverständnisse hinsichtlich meiner Person mit. Du hältst mich nämlich seit jeher aus Vaterstolz, aus Unkenntnis meines eigentlichen Daseins, aus Rückschlüssen aus meiner Schwächlichkeit für besonders fleissig. Als Kind habe ich Deiner Meinung nach immerfort gelernt

safety; there was a chance to breathe freely. The aversion you naturally and immediately took to my writing was, for once, welcome to me. My vanity, my ambition did suffer under your soon proverbial way of hailing the arrival of my books: "Put it on my bedside table!" (usually you were playing cards when a book came), but I was really quite glad of it, not only out of rebellious malice, not only out of delight at a new confirmation of my view of our relationship, but quite spontaneously, because to me that formula sounded something like: "Now you are free!" Of course it was a delusion; I was not, or, to put it most optimistically, was not yet, free. My writing was all about you; all I did there, after all, was to bemoan what I could not bemoan upon your breast. It was an intentionally long-drawn-out leave-taking from you, yet, although it was enforced by you, it did take its course in the direction determined by me. But how little all this amounted to! It is only worth talking about because it happened in my life, otherwise it would not even be noted; and also because in my childhood it ruled my life as a premonition, later as a hope, and still later often as despair, and it dictated— it may be said, yet again in your shape—my few small decisions.

For instance, the choice of a career. True, here you gave me complete freedom, in your magnanimous and, in this regard, even indulgent manner. Although here again you were conforming to the general method of treating sons in the Jewish middle class, which was the standard for you, or at least to the values of that class. Finally, one of your misunderstandings concerning my person played a part in this too. In fact, out of paternal pride, ignorance of my real life, and conclusions drawn from my feebleness, you have always regarded me as particularly diligent. As a child I was, in your view,

und später immerfort geschrieben. Das stimmt nun nicht im entferntesten. Eher kann man mit viel weniger Übertreibung sagen, dass ich wenig gelernt und nichts erlernt habe; dass etwas in den vielen Jahren bei einem mittleren Gedächtnis, bei nicht allerschlechtester Auffassungskraft hängengeblieben ist, ist ja nicht sehr merkwürdig, aber jedenfalls ist das Gesamtergebnis an Wissen, und besonders an Fundierung des Wissens, äusserst kläglich im Vergleich zu dem Aufwand an Zeit und Geld inmitten eines äusserlich sorglosen, ruhigen Lebens, besonders auch im Vergleich zu fast allen Leuten, die ich kenne. Es ist kläglich, aber für mich verständlich. Ich hatte, seitdem ich denken kann, solche tiefste Sorgen der geistigen Existenzbehauptung, dass mir alles andere gleichgültig war. Jüdische Gymnasiasten bei uns sind leicht merkwürdig, man findet da das Unwahrscheinlichste, aber meine kalte, kaum verhüllte, unzerstörbare, kindlich hilflose, bis ins Lächerliche gehende, tierisch selbstzufriedene Gleichgültigkeit eines für sich genug, aber kalt phantastischen Kindes habe ich sonst nirgends wieder gefunden, allerdings war sie hier auch der einzige Schutz gegen die Nervenzerstörung durch Angst und Schuldbewusstsein. Mich beschäftigte nur die Sorge um mich, diese aber in verschiedenster Weise. Etwa als Sorge um meine Gesundheit; es fing leicht an, hier und dort ergab sich eine kleine Befürchtung wegen der Verdauung, des Haarausfalls, einer Rückgratsverkrümmung und so weiter, das steigerte sich in unzählbaren Abstufungen, schliesslich endete es mit einer wirklichen Krankheit. Aber da ich keines Dinges sicher war, von jedem Augenblick eine neue Bestätigung meines Daseins brauchte, nichts in meinem eigentlichen, unzweifelhaften, alleinigen, nur durch mich eindeutig bestimmten Besitz war, in Wahrheit ein enterbter Sohn, wurde mir natürlich auch das Nächste, der eigene Körper unsicher; ich wuchs lang in die Höhe, wusste damit aber nichts anzufangen, die Last

always studying, and later always writing. This does not even remotely correspond to the facts. It would be more correct, and much less exaggerated, to say that I studied little and learnt nothing; that something did stick in my mind after those many years is, after all, not very remarkable, since I did have a moderately good memory and a not too inferior capacity for learning; but the sum total of knowledge and especially of a solid grounding of knowledge is extremely pitiable in comparison with the expenditure of time and money in the course of an outwardly untroubled, calm life, particularly also in comparison with almost all the people I know. It is pitiable, but to me understandable. Ever since I could think I have had such profound anxieties about asserting my spiritual existence that I was indifferent to everything else. Jewish schoolboys in our country often tend to be odd; among them one finds the most unlikely things; but something like my cold indifference, scarcely disguised, indestructible, childishly helpless, approaching the ridiculous, and brutishly complacent, the indifference of a self-sufficient but coldly imaginative child, I have never found anywhere else; to be sure, it was the sole defense against destruction of the nerves by fear and by a sense of guilt. All that occupied my mind was worry about myself, and this in various ways. There was, for instance, the worry about my health; it began imperceptibly enough, with now and then a little anxiety about digestion, hair falling out, a spinal curvature, and so on; intensifying in innumerable gradations, it finally ended with a real illness. But since there was nothing at all I was certain of, since I needed to be provided at every instant with a new confirmation of my existence, since nothing was in my very own, undoubted, sole possession, determined unequivocally

war zu schwer, der Rücken wurde krumm; ich wagte mich kaum zu bewegen oder gar zu turnen, ich blieb schwach; staunte alles, worüber ich noch verfügte, als Wunder an, etwa meine gute Verdauung; das genügte, um sie zu verlieren, und damit war der Weg zu aller Hypochondrie frei, bis dann unter der übermenschlichen Anstrengung des Heiraten-Wollens (darüber spreche ich noch) das Blut aus der Lunge kam, woran ja die Wohnung im Schönbornpalais—die ich aber nur deshalb brauchte, weil ich sie für mein Schreiben zu brauchen glaubte, so dass auch das auf dieses Blatt gehört—genug Anteil haben kann. Also das alles stammte nicht von übergrosser Arbeit, wie Du Dir es immer vorstellst. Es gab Jahre, in denen ich bei voller Gesundheit mehr Zeit auf dem Kanapee verfaulenzt habe, als Du in Deinem ganzen Leben, alle Krankheiten eingerechnet. Wenn ich höchstbeschäftigt von Dir fortlief, war es meist, um mich in meinem Zimmer hinzulegen. Meine Gesamtarbeitsleistung sowohl im Büro (wo allerdings Faulheit nicht sehr auffällt und überdies durch meine Ängstlichkeit in Grenzen gehalten war) als auch zu Hause ist winzig; hättest Du darüber einen Überblick, würde es Dich entsetzen. Wahrscheinlich bin ich in meiner Anlage gar nicht faul, aber es gab für mich nichts zu tun. Dort, wo ich lebte, war ich verworfen, abgeurteilt, niedergekämpft, und anderswohin mich zu flüchten strengte mich zwar äusserst an, aber das war keine Arbeit, denn es handelte sich um Unmögliches, das für meine Kräfte bis auf kleine Ausnahmen unerreichbar war.

In diesem Zustand bekam ich also die Freiheit der Berufswahl. War ich aber überhaupt noch fähig, eine sol-

only by me—in sober truth a disinherited son—naturally I became unsure even of the thing nearest to me, my own body. I shot up, tall and lanky, without knowing what to do with my lankiness, the burden was too heavy, the back became bent; I scarcely dared to move, certainly not to exercise, I remained weakly; I was amazed by everything I could still command as by a miracle, for instance, my good digestion; that sufficed to lose it, and now the way was open to every sort of hypochondria; until finally under the strain of the superhuman effort of wanting to marry (of this I shall speak later), blood came from the lung, something in which the apartment in the Schönbornpalais—which, however, I needed only because I believed I needed it for my writing, so that even this belongs here under the same heading—may have had a fair share. So all this did not come from excessive work, as you always imagine. There were years in which, in perfectly good health, I lazed away more time on the sofa than you in all your life, including all your illnesses. When I rushed away from you, frightfully busy, it was generally in order to lie down in my room. My total achievement in work done, both at the office (where laziness is, of course, not particularly striking, and besides, mine was kept in bounds by my timidity) and at home, is minute; if you had any real idea of it, you would be aghast. Probably I am constitutionally not lazy at all, but there was nothing for me to do. In the place where I lived I was spurned, condemned, fought to a standstill; and to escape to some other place was an enormous exertion, but that was not work, for it was something impossible, something that was, with small exceptions unattainable for me.

This was the state in which I was given the freedom of choice of a career. But was I still capable of making

91

che Freiheit eigentlich zu gebrauchen? Traute ich mir es denn noch zu, einen wirklichen Beruf erreichen zu können? Meine Selbstbewertung war von Dir viel abhängiger als von irgend etwas sonst, etwa von einem äusseren Erfolg. Der war die Stärkung eines Augenblicks, sonst nichts, aber auf der anderen Seite zog Dein Gewicht immer viel stärker hinunter. Niemals würde ich durch die erste Volksschulklasse kommen, dachte ich, aber es gelang, ich bekam sogar eine Prämie; aber die Aufnahmeprüfung ins Gymnasium würde ich gewiss nicht bestehn, aber es gelang; aber nun falle ich in der ersten Gymnasialklasse bestimmt durch, nein, ich fiel nicht durch und es gelang immer weiter und weiter. Daraus ergab sich aber keine Zuversicht, im Gegenteil, immer war ich überzeugt—und in Deiner abweisenden Miene hatte ich förmlich den Beweis dafür— dass, je mehr mir gelingt, desto schlimmer es schliesslich wird ausgehn müssen. Oft sah ich im Geist die schreckliche Versammlung der Professoren (das Gymnasium ist nur das einheitlichste Beispiel, überall um mich war es aber ähnlich), wie sie, wenn ich die Prima überstanden hatte, also in der Sekunda, wenn ich diese überstanden hatte, also in der Tertia und so weiter zusammenkommen würden, um diesen einzigartigen, himmelschreienden Fall zu untersuchen, wie es mir, dem Unfähigsten und jedenfalls Unwissendsten gelungen war, mich bis hinauf in diese Klasse zu schleichen, die mich, da nun die allgemeine Aufmerksamkeit auf mich gelenkt war, natürlich sofort ausspeien würde, zum Jubel aller von diesem Alpdruck befreiten Gerechten.—Mit solchen Vorstellungen zu leben ist für ein Kind nicht leicht. Was kümmerte mich unter diesen Umständen der Unterricht. Wer war imstande, aus mir einen Funken von Anteilnahme herauszuschlagen? Mich interessierte der Unterricht—und nicht nur der Unterricht, sondern alles ringsherum in diesem entscheidenden Alter—

any use of such freedom? Had I still any confidence in my own capacity to achieve a real career? My valuation of myself was much more dependent on you than on anything else, such as some external success. *That* was strengthening for a moment, nothing more, but on the other side your weight always dragged me down much more strongly. Never shall I pass the first grade in grammar school, I thought, but I succeeded, I even got a prize; but I shall certainly not pass the entrance exam for the Gymnasium, but I succeeded; but now I shall certainly fail in the first year at the Gymnasium; no, I did not fail, and I went on and on succeeding. This did not produce any confidence, however; on the contrary, I was always convinced—and I positively had the proof of it in your forbidding expression—that the more I achieved, the worse the final outcome would inevitably be. Often in my mind's eye I saw the terrible assembly of the teachers (the Gymnasium is only the most integral example, but it was the same all around me), as they would meet, when I had passed the first class, and then in the second class, when I had passed that, and then in the third, and so on, meeting in order to examine this unique, outrageous case, to discover how I, the most incapable and, in any case, the most ignorant of all, had succeeded in creeping up so far as this class, which now, when everybody's attention had at last been focused on me, would of course instantly spew me out, to the jubilation of all the righteous liberated from this nightmare. To live with such fantasies is not easy for a child. In these circumstances, what could I care about my lessons? Who was able to strike a spark of real interest in me? Lessons, and not only lessons but everything around me, interested me as much, at that de-

etwa so wie einen Bankdefraudanten, der noch in Stellung ist und vor der Entdeckung zittert, das kleine laufende Bankgeschäft interessiert, das er noch immer als Beamter zu erledigen hat. So klein, so fern war alles neben der Hauptsache. Es ging dann weiter bis zur Matura, durch die ich wirklich schon zum Teil nur durch Schwindel kam, und dann stockte es, jetzt war ich frei. Hatte ich schon trotz dem Zwang des Gymnasiums mich nur um mich ge-kümmert, wie erst jetzt, da ich frei war. Also eigentliche Freiheit der Berufswahl gab es für mich nicht, ich wusste: alles wird mir gegenüber der Hauptsache genau so gleich-gültig sein, wie alle Lehrgegenstände im Gymnasium, es handelt sich also darum, einen Beruf zu finden, der mir, ohne meine Eitelkeit allzusehr zu verletzen, diese Gleich-gültigkeit am ehesten erlaubt. Also war Jus das Selbstver-ständliche. Kleine gegenteilige Versuche der Eitelkeit, der unsinnigen Hoffnung, wie vierzehntägiges Chemiestudium, halbjähriges Deutschstudium, verstärkten nur jene Grund-überzeugung. Ich studierte also Jus. Das bedeutete, dass ich mich in den paar Monaten vor den Prüfungen unter reichlicher Mitnahme der Nerven geistig förmlich von Holzmehl nährte, das mir überdies schon von tausenden Mäulern vorgekaut war. Aber in gewissem Sinn schmeckte mir das gerade, wie in gewissem Sinn früher auch das Gym-nasium und später der Beamtenberuf, denn das alles ent-sprach vollkommen meiner Lage. Jedenfalls zeigte ich hier erstaunliche Voraussicht, schon als kleines Kind hatte ich hinsichtlich der Studien und des Berufes genug klare Vor-ahnungen. Von hier aus erwartete ich keine Rettung, hier hatte ich schon längst verzichtet.

Gar keine Voraussicht zeigte ich aber hinsichtlich der

cisive age, as a defaulting bank clerk, still holding his job and trembling at the thought of discovery, is interested in the small current business of the bank, which he still has to deal with as a clerk. That was how small and faraway everything was in comparison to the main thing. So it went on up to the qualifying exams which I really passed partly only through cheating, and then everything stagnated, for now I was free. If I had been concerned only with myself up to now, despite the discipline of the Gymnasium, how much more now that I was free. So there was actually no such thing for me as freedom to choose my career, for I knew: compared to the main thing everything would be exactly as much a matter of indifference to me as all the subjects taught at school, and so it was a matter of finding a profession that would let me indulge this indifference without injuring my vanity too much. Law was the obvious choice. Little contrary attempts on the part of vanity, of senseless hope, such as a fortnight's study of chemistry, or six months' German studies, only reinforced that fundamental conviction. So I studied law. This meant that in the few months before the exams, and in a way that told severely on my nerves, I was positively living, in an intellectual sense, on sawdust, which had moreover, already been chewed for me in thousands of other people's mouths. But in a certain sense this was exactly to my taste, as in a certain sense the Gymnasium had been earlier, and later my job as a clerk, for it all suited my situation. At any rate, I did show astonishing foresight; even as a small child I had had fairly clear premonitions about my studies and my career. From this side I did not expect rescue; here I had given up long ago.

But I showed no foresight at all concerning the sig-

Bedeutung und Möglichkeit einer Ehe für mich; dieser bisher grösste Schrecken meines Lebens ist fast vollständig unerwartet über mich gekommen. Das Kind hatte sich so langsam entwickelt, diese Dinge lagen ihm äusserlich gar zu abseits; hie und da ergab sich die Notwendigkeit, daran zu denken; dass sich hier aber eine dauernde, entscheidende und sogar die erbittertste Prüfung vorbereite, war nicht zu erkennen. In Wirklichkeit aber wurden die Heiratsversuche der grossartigste und hoffnungsreichste Rettungsversuch, entsprechend grossartig war dann allerdings auch das Misslingen.

Ich fürchte, weil mir in dieser Gegend alles misslingt, dass es mir auch nicht gelingen wird, Dir diese Heiratsversuche verständlich zu machen. Und doch hängt das Gelingen des ganzen Briefes davon ab, denn in diesen Versuchen war einerseits alles versammelt, was ich an positiven Kräften zur Verfügung hatte, andererseits sammelten sich hier auch geradezu mit Wut alle negativen Kräfte, die ich als Mitergebnis Deiner Erziehung beschrieben habe, also die Schwäche, der Mangel an Selbstvertrauen, das Schuldbewusstsein, und zogen förmlich einen Kordon zwischen mir und der Heirat. Die Erklärung wird mir auch deshalb schwer werden, weil ich hier alles in so vielen Tagen und Nächten immer wieder durchdacht und durchgraben habe, dass selbst mich jetzt der Anblick schon verwirrt. Erleichtert wird mir die Erklärung nur durch Dein meiner Meinung nach vollständiges Missverstehn der Sache; ein so vollständiges Missverstehn ein wenig zu verbessern, scheint nicht übermässig schwer.

Zunächst stellst Du das Misslingen der Heiraten in die Reihe meiner sonstigen Misserfolge; dagegen hätte ich an

nificance and possibility of a marriage for me; this up to now greatest terror of my life has come upon me almost completely unexpectedly. The child had developed so slowly, these things were outwardly all too remote; now and then the necessity of thinking of them did arise; but that here a permanent, decisive and indeed the most grimly bitter ordeal loomed was impossible to recognize. In reality, however, the marriage plans turned out to be the most grandiose and hopeful attempts at escape, and, consequently, their failure was correspondingly grandiose.

I am afraid that, because in this sphere everything I try is a failure, I shall also fail to make these attempts to marry comprehensible to you. And yet the success of this whole letter depends on it, for in these attempts there was, on the one hand, concentrated everything I had at my disposal in the way of positive forces, and, on the other hand, there also accumulated, and with downright fury, all the negative forces that I have described as being the result in part of your method of upbringing, that is to say, the weakness, the lack of self-confidence, the sense of guilt, and they positively drew a cordon between myself and marriage. The explanation will be hard for me also because I have spent so many days and nights thinking and burrowing through the whole thing over and over again that now even I myself am bewildered by the mere sight of it. The only thing that makes the explanation easier for me is your—in my opinion—complete misunderstanding of the matter; slightly to correct so complete a misunderstanding does not seem excessively difficult.

First of all you rank the failure of the marriages with the rest of my failures; I should have nothing

sich nichts, vorausgesetzt, dass Du meine bisherige Erklärung des Misserfolgs annimmst. Es steht tatsächlich in
dieser Reihe, nur die Bedeutung der Sache unterschätzst
Du und unterschätzst sie derartig, dass wir, wenn wir miteinander davon reden, eigentlich von ganz Verschie-
denem sprechen. Ich wage zu sagen, dass Dir in Deinem
ganzen Leben nichts geschehen ist, was für Dich eine
solche Bedeutung gehabt hätte, wie für mich die Heiratsversuche. Damit meine ich nicht, dass Du an sich nichts
so Bedeutendes erlebt hättest, im Gegenteil, Dein Leben
war viel reicher und sorgenvoller und gedrängter als meines,
aber eben deshalb ist Dir nichts Derartiges geschehen. Es
ist so, wie wenn einer fünf niedrige Treppenstufen hinauf-
zusteigen hat und ein zweiter nur eine Treppenstufe, die
aber, wenigstens für ihn, so hoch ist, wie jene fünf zusammen; der erste wird nicht nur die fünf bewältigen, sondern
noch hunderte und tausende weitere, er wird ein grosses
und sehr anstrengendes Leben geführt haben, aber keine
der Stufen, die er erstiegen hat, wird für ihn eine solche
Bedeutung gehabt haben, wie für den zweiten jene eine,
erste, hohe, für alle seine Kräfte unmöglich zu ersteigende
Stufe, zu der er nicht hinauf- und über die er natürlich
auch nicht hinauskommt.

Heiraten, eine Familie gründen, alle Kinder, welche
kommen, hinnehmen, in dieser unsicheren Welt erhalten
und gar noch ein wenig führen, ist meiner Überzeugung
nach das Äusserste, das einem Menschen überhaupt gelingen kann. Dass es scheinbar so vielen leicht gelingt, ist
kein Gegenbeweis, denn erstens gelingt es tatsächlich nicht
vielen, und zweitens 'tun' es diese Nichtvielen meistens
nicht, sondern es 'geschieht' bloss mit ihnen; das ist zwar
nicht jenes Äusserste, aber doch noch sehr gross und sehr

against this, provided you accepted my previous explanation of my failure as a whole. It does, in fact, form part of the same series, only you underrate the importance of the matter, underrating it to such an extent that whenever we talk of it we are actually talking about quite different things. I venture to say that nothing has happened to you in your whole life that had such importance for you as the attempts at marriage have had for me. By this I do not mean that you have not experienced anything in itself as important; on the contrary, your life was much richer and more care-laden and more concentrated than mine, but for that very reason nothing of this sort has happened to you. It is as if one person had to climb five low steps and another person only one step, but one that is, at least for him, as high as all the other five put together; the first person will not only manage the five, but hundreds and thousands more as well, he will have led a great and very strenuous life, but none of the steps he has climbed will have been of such importance to him as for the second person that one, first, high step, that step which it is impossible for him to climb even by exerting all his strength, that step which he cannot get up on and which he naturally cannot get past either.

Marrying, founding a family, accepting all the children that come, supporting them in this insecure world and perhaps even guiding them a little, is, I am convinced, the utmost a human being can succeed in doing at all. That so many seem to succeed in this is no evidence to the contrary; first of all, there are not many who do succeed, and secondly, these not-many usually don't "do" it, it merely "happens" to them; although this is not that Utmost, it is still very great

99

ehrenvoll (besonders da sich 'tun' und 'geschehn' nicht rein voneinander scheiden lassen). Und schliesslich handelt es sich auch gar nicht um dieses Äusserste, sondern nur um irgendeine ferne, aber anständige Annäherung; es ist doch nicht notwendig, mitten in die Sonne hineinzufliegen, aber doch bis zu einem reinen Plätzchen auf der Erde hinzukriechen, wo manchmal die Sonne hinscheint und man sich ein wenig wärmen kann.

Wie war ich nun auf dieses vorbereitet? Möglichst schlecht. Das geht schon aus dem Bisherigen hervor. Soweit es aber dafür eine direkte Vorbereitung des Einzelnen und eine direkte Schaffung der allgemeinen Grundbedingungen gibt, hast Du äusserlich nicht viel eingegriffen. Es ist auch nicht anders möglich, hier entscheiden die allgemeinen geschlechtlichen Standes-, Volks- und Zeitsitten. Immerhin hast Du auch da eingegriffen, nicht viel, denn die Voraussetzung solchen Eingreifens kann nur starkes gegenseitiges Vertrauen sein, und daran fehlte es uns beiden schon längst zur entscheidenden Zeit, und nicht sehr glücklich, weil ja unsere Bedürfnisse ganz verschieden waren; was mich packt, muss Dich noch kaum berühren und umgekehrt, was bei Dir Unschuld ist, kann bei mir Schuld sein und umgekehrt, was bei Dir folgenlos bleibt, kann mein Sargdeckel sein.

Ich erinnere mich, ich ging einmal abend mit Dir und der Mutter spazieren, es war auf dem Josephsplatz in der Nähe der heutigen Länderbank, und fing dumm grosstuerisch, überlegen, stolz, kühl (das war unwahr), kalt (das war echt) und stotternd, wie ich eben meistens mit Dir sprach, von den interessanten Sachen zu reden an, machte Euch Vorwürfe, dass ich unbelehrt gelassen worden bin, dass sich erst die Mitschüler meiner hatten annehmen müssen, dass ich in der Nähe grosser Gefahren gewesen bin (hier log ich meiner Art nach unverschämt,

and very honorable (particularly since "doing" and "happening" cannot be kept clearly distinct). And finally, it is not a matter of this Utmost at all, anyway, but only of some distant but decent approximation; it is, after all, not necessary to fly right into the middle of the sun, but it is necessary to crawl to a clean little spot on earth where the sun sometimes shines and one can warm oneself a little.

How was I prepared for this? As badly as possible. This is apparent from what has been said up to now. In so far as any direct preparation of the individual and any direct creation of the general basic conditions exists, you did not intervene much outwardly. And it could not be otherwise; what is decisive here are the general sexual customs of class, nation, and time. Yet you did intervene here too—not much, for such intervention must presuppose great mutual trust, and both of us had been lacking in this even long before the decisive time came—and not very happily, because our needs were quite different; what grips me need hardly touch you at all, and vice versa; what is innocence in you may be guilt in me, and vice versa; what has no consequences for you may be the last nail in my coffin.

I remember going for a walk one evening with you and Mother; it was on Josephsplatz near where the Länderbank is today; and I began talking about these interesting things, in a stupidly boastful, superior, proud, detached (that was spurious), cold (that was genuine), and stammering manner, as indeed I usually talked to you, reproaching the two of you with having left me uninstructed; with the fact that my school-mates first had to take me in hand, that I had been close to great dangers (here I was brazenly lying, as

um mich mutig zu zeigen, denn infolge meiner Ängstlichkeit hatte ich keine genauere Vorstellung von den 'grossen
Gefahren'), deutete aber zum Schluss an, dass ich jetzt
schon glücklicherweise alles wisse, keinen Rat mehr brau-
che und alles in Ordnung sei. Hauptsächlich hatte ich
davon jedenfalls zu reden angefangen, weil es mir Lust
machte, davon wenigstens zu reden, dann auch aus Neu-
gierde und schliesslich auch, um mich irgendwie für irgend
etwas an Euch zu rächen. Du nahmst es entsprechend
Deinem Wesen sehr einfach, Du sagtest nur etwa, Du
könntest mir einen Rat geben, wie ich ohne Gefahr diese
Dinge werde betreiben können. Vielleicht hatte ich gerade eine solche Antwort hervorlocken wollen, die entsprach ja der Lüsternheit des mit Fleisch und allen guten
Dingen überfütterten, körperlich untätigen, mit sich ewig
beschäftigten Kindes, aber doch war meine äusserliche
Scham dadurch so verletzt oder ich glaubte, sie müsse so
verletzt sein, dass ich gegen meinen Willen nicht mehr
mit Dir darüber sprechen konnte und hochmütig frech
das Gespräch abbrach.

Es ist nicht leicht, Deine damalige Antwort zu beur-
teilen, einerseits hat sie doch etwas niederwerfend Offenes,
gewissermassen Urzeitliches, andererseits ist sie allerdings,
was die Lehre selbst betrifft, sehr neuzeitlich bedenkenlos.
Ich weiss nicht, wie alt ich damals war, viel älter als sech-
zehn Jahre gewiss nicht. Für einen solchen Jungen war es
aber doch eine sehr merkwürdige Antwort, und der Ab-
stand zwischen uns beiden zeigt sich auch darin, dass das
eigentlich die erste direkte, Lebenumfassende Lehre war,
die ich von Dir bekam. Ihr eigentlicher Sinn aber, der
sich schon damals in mich einsenkte, mir aber erst viel
später halb zu Bewusstsein kam, war folgender: Das, wozu
Du mir rietest, war doch das Deiner Meinung nach und

was my way, in order to show myself brave, for as a
consequence of my timidity I had, except for the usual
sexual misdemeanors of city children, no very exact
notion of these "great dangers"); but finally I hinted
that now, fortunately, I knew everything, no longer
needed any advice, and that everything was all right.
I had begun talking about all this mainly because it
gave me pleasure at least to talk about it, and also
out of curiosity, and finally to avenge myself somehow
on the two of you for something or other. In keeping
with your nature you took it quite simply, only saying
something to the effect that you could give me advice
about how I could go in for these things without danger. Perhaps I did want to lure just such an answer out
of you; it was in keeping with the pruriency of a child
overfed with meat and all good things, physically in-
active, everlastingly occupied with himself; but still,
my outward sense of shame was so hurt by this—or I
believed it ought to be so hurt—that against my will
I could not go on talking to you about it and, with
arrogant impudence, cut the conversation short.

It is not easy to judge the answer you gave me
then; on the one hand, it had something staggeringly
frank, sort of primeval, about it; on the other hand, as
far as the lesson itself is concerned, it was uninhibited
in a very modern way. I don't know how old I was at
the time, certainly not much over sixteen. It was,
nevertheless, a very remarkable answer for such a boy,
and the distance between the two of us is also shown
in the fact that it was actually the first direct instruction bearing on real life I ever received from you. Its
real meaning, however, which sank into my mind even
then, but which came partly to the surface of my consciousness only much later, was this: what you advised

gar erst meiner damaligen Meinung nach Schmutzigste,
was es gab. Dass du dafür sorgen wolltest, dass ich körperlich von dem Schmutz nichts nach Hause bringe, war
nebensächlich, dadurch schütztest Du ja nur Dich, Dein
Haus. Die Hauptsache war vielmehr, dass Du ausserhalb
Deines Rates bliebst, ein Ehemann, ein reiner Mann,
erhaben über diese Dinge; das verschärfte sich damals für
mich wahrscheinlich noch dadurch, dass mir auch die Ehe
schamlos vorkam und es mir daher unmöglich war, das,
was ich Allgemeines über die Ehe gehört hatte, auf meine
Eltern anzuwenden. Dadurch wurdest Du noch reiner,
kamst noch höher. Der Gedanke, dass Du etwa vor der
Ehe auch Dir einen ähnlichen Rat hättest geben können,
war mir völlig undenkbar. So war also fast kein Restchen
irdischen Schmutzes an Dir. Und eben Du stiessest mich,
so als wäre ich dazu bestimmt, mit ein paar offenen Worten in diesen Schmutz hinunter. Bestand die Welt also
nur aus mir und Dir, eine Vorstellung, die mir sehr nahe-
lag, dann endete also mit Dir diese Reinheit der Welt,
und mit mir begann kraft Deines Rates der Schmutz. An
sich war es ja unverständlich, dass Du mich so verurteiltest,
nur alte Schuld und tiefste Verachtung Deinerseits konnten mir das erklären. Und damit war ich also wieder in
meinem innersten Wesen angefasst, und zwar sehr hart.

Hier wird vielleicht auch unser beider Schuldlosigkeit
am deutlichsten. A gibt dem B einen offenen, seiner Le-
bensauffassung entsprechenden, nicht sehr schönen, aber
doch auch heute in der Stadt durchaus üblichen, Gesund-
heitsschädigungen vielleicht verhindernden Rat. Dieser
Rat ist für B moralisch nicht sehr stärkend, aber warum
sollte er sich aus dem Schaden nicht im Laufe der Jahre

me to do was in your opinion and, even more, in my opinion at that time, the filthiest thing possible. That you wanted to see to it that I should not bring any of the physical filth home with me was unimportant, for you were only protecting yourself, your house. The important thing was rather that you yourself remained outside your own advice, a married man, a pure man, above such things; this was probably intensified for me at the time by the fact that even marriage seemed to me shameless; and hence it was impossible for me to apply to my parents the general information I had picked up about marriage. Thus you became still purer, rose still higher. The thought that you might have given yourself similar advice before your marriage was to me utterly unthinkable. So there was hardly any smudge of earthly filth on you at all. And it was you who pushed me down into this filth—just as though I were predestined to it—with a few frank words. And so, if the world consisted only of me and you (a notion I was much inclined to have), then this purity of the world came to an end with you and, by virtue of your advice, the filth began with me. In itself it was, of course, incomprehensible that you should thus condemn me; only old guilt, and profoundest contempt on your side, could explain it to me. And so again I was seized in my innermost being —and very hard indeed.

Here perhaps both our guiltlessness becomes most evident. A gives B a piece of advice that is frank, in keeping with his attitude to life, not very lovely but still, even today perfectly usual in the city, a piece of advice that might prevent damage to health. This piece of advice is for B morally not very invigorating —but why should he not be able to work his way out

herausarbeiten können, übrigens muss er ja dem Rat gar
nicht folgen, und jedenfalls liegt in dem Rat allein kein
Anlass dafür, dass über B etwa seine ganze Zukunftswelt
zusammenbricht. Und doch geschieht etwas in dieser Art,
aber eben nur deshalb, weil A Du bist und B ich bin.

Diese beiderseitige Schuldlosigkeit kann ich auch deshalb besonders gut überblicken, weil sich ein ähnlicher
Zusammenstoss zwischen uns unter ganz anderen Verhältnissen etwa zwanzig Jahre später wieder ereignet hat, als
Tatsache grauenhaft, an und für sich allerdings viel un-
schädlicher, denn wo war da etwas an mir Sechsund-
dreissigjährigem, dem noch geschadet werden konnte. Ich
meine damit eine kleine Aussprache an einem der paar
aufgeregten Tage nach Mitteilung meiner letzten Heiratsabsicht. Du sagtest zu mir etwa: "Sie hat wahrscheinlich
irgendeine ausgesuchte Bluse angezogen, wie das die Pra-
ger Jüdinnen verstehn, und daraufhin hast Du Dich natürlich entschlossen, sie zu heiraten. Und zwar möglichst
rasch, in einer Woche, morgen, heute. Ich begreife Dich
nicht, Du bist doch ein erwachsener Mensch, bist in der
Stadt, und weisst Dir keinen andern Rat als gleich eine
Beliebige zu heiraten. Gibt es da keine anderen Möglich-
keiten? Wenn Du Dich davor fürchtest, werde ich selbst
mit Dir hingehn." Du sprachst ausführlicher und deutlicher, aber ich kann mich an die Einzelheiten nicht mehr
erinnern, vielleicht wurde mir auch ein wenig nebelhaft
vor den Augen, fast interessierte mich mehr die Mutter,
wie sie, zwar vollständig mit Dir einverstanden, immerhin etwas vom Tisch nahm und damit aus dem Zimmer
ging.

Tiefer gedemütigt hast Du mich mit Worten wohl
kaum und deutlicher mir Deine Verachtung nie gezeigt.
Als Du vor zwanzig Jahren ähnlich zu mir gesprochen

of it, and repair the damage in the course of the years? Besides, he does not even have to take the advice; and there is no reason why the advice itself should cause B's whole future world to come tumbling down. And yet something of this kind does happen, but only for the very reason that A is you and B is myself.

This guiltlessness on both sides I can judge especially well because a similar clash between us occurred some twenty years later, in quite different circumstances—horrible in itself but much less damaging—for what was there in me, the thirty-six-year-old, that could still be damaged? I am referring to a brief discussion on one of those few tumultuous days that followed the announcement of my latest marriage plans. You said to me something like this: "She probably put on a fancy blouse, something these Prague Jewesses are good at, and right away, of course, you decided to marry her. And that as fast as possible, in a week, tomorrow, today. I can't understand you: after all, you're a grown man, you live in the city, and you don't know what to do but marry the next best girl. Isn't there anything else you can do? If you're frightened, I'll go with you to see her." You put it in more detail and more plainly, but I can no longer recall the details, perhaps too things became a little vague before my eyes, I paid almost more attention to Mother who, though in complete agreement with you, took something from the table and left the room with it.

You have hardly ever humiliated me more deeply with words and shown me your contempt more clearly. When you spoke to me in a similar way twenty years

hattest, hätte man darin mit Deinen Augen sogar etwas Respekt für den frühreifen Stadtjungen sehen können, der Deiner Meinung nach schon so ohne Umwege ins Leben eingeführt werden konnte. Heute könnte diese Rücksicht die Verachtung nur noch steigern, denn der Junge, der damals einen Anlauf nahm, ist in ihm steckengeblieben und scheint Dir heute um keine Erfahrung reicher, sondern nur um zwanzig Jahre jämmerlicher. Meine Entscheidung für ein Mädchen bedeutete Dir gar nichts. Du hattest meine Entscheidungskraft (unbewusst) immer niedergehalten und glaubtest jetzt (unbewusst) zu wissen, was sie wert war. Von meinen Rettungsversuchen in anderen Richtungen wusstest Du nichts, daher konntest Du auch von den Gedankengängen, die mich zu diesem Heiratsversuch geführt hatten, nichts wissen, musstest sie zu erraten suchen und rietst entsprechend dem Gesamturteil, das Du über mich hattest, auf das Abscheulichste, Plumpste, Lächerlichste. Und zögertest keinen Augenblick, mir das auf ebensolche Weise zu sagen. Die Schande, die Du damit mir antatest, war Dir nichts im Vergleich zu der Schande, die ich Deiner Meinung nach Deinem Namen durch die Heirat machen würde.

Nun kannst Du ja hinsichtlich meiner Heiratsversuche manches mir antworten und hast es auch getan: Du könntest nicht viel Respekt vor meiner Entscheidung haben, wenn ich die Verlobung mit F. zweimal aufgelöst und zweimal wieder aufgenommen habe, wenn ich Dich und die Mutter nutzlos zu der Verlobung nach Berlin geschleppt habe und dergleichen. Das alles ist wahr, aber wie kam es dazu?

Der Grundgedanke beider Heiratsversuche war ganz korrekt: einen Hausstand gründen, selbständig werden. Ein Gedanke, der Dir ja sympathisch ist, nur dass es dann in Wirklichkeit so ausfällt wie das Kinderspiel, wo einer die

earlier, one might, looking at it through your eyes, have seen in it some respect for the precocious city boy, who in your opinion could already be initiated into life without more ado. Today this consideration could only intensify the contempt, for the boy who was about to make his first start got stuck halfway and today does not seem richer by any experience, only more pitiable by twenty years. My choice of a girl meant nothing at all to you. You had (unconsciously) always kept down my power of decision and now believed (unconsciously) that you knew what it was worth. Of my attempts at escape in other directions you knew nothing, thus you could not know anything, either, of the thought processes that had led me to this attempt to marry, and had to try to guess at them, and in keeping with your general opinion of me, you guessed at the most abominable, crude, and ridiculous. And you did not for a moment hesitate to tell me this in just such a manner. The shame you inflicted on me with this was nothing to you in comparison to the shame that I would, in your opinion, inflict on your name by this marriage.

Now, regarding my attempts at marriage there is much you can say in reply, and you have indeed done so: you could not have much respect for my decision since I had twice broken the engagement with F. and had twice renewed it; since I had needlessly dragged you and Mother to Berlin to celebrate the engagement, and the like. All this is true—but how did it come about?

The fundamental thought behind both attempts at marriage was quite sound: to set up house, to become independent. An idea that does appeal to you, only in reality it always turns out like the children's game

Hand des anderen hält und sogar presst und dabei ruft: "Ach geh doch, geh doch, warum gehst Du nicht?" Was sich allerdings in unserem Fall dadurch kompliziert hat, dass Du das 'geh doch!' seit jeher ehrlich gemeint hast, da Du ebenso seit jeher, ohne es zu wissen, nur kraft Deines Wesens mich gehalten oder richtiger niedergehalten hast.

Beide Mädchen waren zwar durch den Zufall, aber ausserordentlich gut gewählt. Wieder ein Zeichen Deines vollständigen Missverstehns, dass Du glauben kannst, ich, der Ängstliche, Zögernde, Verdächtigende entschliesse mich mit einem Ruck für eine Heirat, etwa aus Entzücken über eine Bluse. Beide Ehen wären vielmehr Vernunftehen geworden, soweit damit gesagt ist, dass Tag und Nacht, das erste Mal Jahre, das zweite Mal Monate, alle meine Denkkraft an den Plan gewendet worden ist.

Keines der Mädchen hat mich enttäuscht, nur ich sie beide. Mein Urteil über sie ist heute genau das gleiche wie damals, als ich sie heiraten wollte.

Es ist auch nicht so, dass ich beim zweiten Heiratsversuch die Erfahrungen des ersten Versuches missachtet hätte, also leichtsinnig gewesen wäre. Die Fälle waren eben ganz verschieden, gerade die früheren Erfahrungen konnten mir im zweiten Fall, der überhaupt viel aussichtsreicher war, Hoffnung geben. Von Einzeilheiten will ich hier nicht reden.

Warum also habe ich nicht geheiratet? Es gab einzelne Hindernisse wie überall, aber im Nehmen solcher Hindernisse besteht ja das Leben. Das wesentliche, vom einzelnen Fall leider unabhängige Hindernis war aber, dass ich offenbar geistig unfähig bin zu heiraten. Das äussert sich darin, dass ich von dem Augenblick an, in dem ich mich entschliesse zu heiraten, nicht mehr schlafen kann, der Kopf glüht bei Tag und Nacht, es ist kein Leben mehr,

in which one holds and even grips the other's hand, calling out: "Oh, go away, go away, why don't you go away?" Which in our case happens to be complicated by the fact that you have always honestly meant this "go away!" and have always unknowingly held me, or rather held me down, only by the strength of your personality.

Although both girls were chosen by chance, they were extraordinarily well chosen. Again a sign of your complete misunderstanding, that you can believe that I—timid, hesitant, suspicious—can decide to marry in a flash, out of delight over a blouse. Both marriages would rather have been common sense marriages, in so far as that means that day and night, the first time for years, the second time for months, all my power of thought was concentrated on the plan.

Neither of the girls disappointed me, only I disappointed both of them. My opinion of them is today exactly the same as when I wanted to marry them.

It is not true either that in my second marriage attempt I disregarded the experiences gained from the first attempt, that I was rash and careless. The cases were quite different; precisely the earlier experience held out a hope for the second case, which was altogether much more promising. I do not want to go into details here.

Why then did I not marry? There were certainly obstacles, as there always are, but then, life consists in taking such obstacles. The essential obstacle, however, which is, unfortunately, independent of the individual case, is that obviously I am mentally incapable of marrying. This manifests itself in the fact that from the moment I make up my mind to marry I can no longer sleep, my head burns day and night, life can

ich schwanke verzweifelt herum. Es sind das nicht eigentlich Sorgen, die das verursachen, zwar laufen auch entsprechend meiner Schwerblütigkeit und Pedanterie un-
zählige Sorgen mit, aber sie sind nicht das Entscheidende,
sie vollenden zwar wie Würmer die Arbeit am Leichnam,
aber entscheidend getroffen bin ich von anderem. Es ist
der allgemeine Druck der Angst, der Schwäche, der Selbst-
missachtung.

Ich will es näher zu erklären versuchen: Hier beim Hei-
hatsversuch trifft in meinen Beziehungen zu Dir zweierlei
scheinbar Entgegengesetztes so stark wie nirgends sonst
zusammen. Die Heirat ist gewiss die Bürgschaft für die
schärfste Selbstbefreiung und Unabhängigkeit. Ich hätte
eine Familie, das Höchste, was man meiner Meinung nach
erreichen kann, also auch das Höchste, das Du erreicht
hast, ich wäre Dir ebenbürtig, alle alte und ewig neue
Schande und Tyrannei wäre bloss noch Geschichte. Das
wäre allerdings märchenhaft, aber darin liegt eben schon
das Fragwürdige. Es ist zu viel, so viel kann nicht erreicht
werden. Es ist so, wie wenn einer gefangen wäre und er
hätte nicht nur die Absicht zu fliehen, was vielleicht er-
reichbar wäre, sondern auch noch und zwar gleichzeitig
die Absicht, das Gefängnis in ein Lustschloss für sich
umzubauen. Wenn er aber flieht, kann er nicht umbauen,
und wenn er umbaut, kann er nicht fliehen. Wenn ich in
dem besonderen Unglücksverhältnis, in welchem ich zu
Dir stehe, selbständig werden will, muss ich etwas tun, was
möglichst gar keine Beziehung zu Dir hat; das Heiraten
ist zwar das Grösste und gibt die ehrenvollste Selbständigkeit, aber es ist auch gleichzeitig in engster Beziehung
zu Dir. Hier hinauskommen zu wollen, hat deshalb etwas
von Wahnsinn, und jeder Versuch wird fast damit gestraft.

Gerade diese enge Beziehung lockt mich ja teilweise
auch zum Heiraten. Ich denke mir diese Ebenbürtigkeit,

no longer be called life, I stagger about in despair. It is not actually worries that bring this about; true, in keeping with my sluggishness and pedantry countless worries are involved in all this, but they are not decisive; they do, like worms, complete the work on the corpse, but the decisive blow has come from elsewhere. It is the general pressure of anxiety, of weakness, of self-contempt.

I will try to explain it in more detail. Here, in the attempt to marry, two seemingly antagonistic elements in my relations with you unite more intensely than anywhere else. Marriage certainly is the pledge of the most acute form of self-liberation and independence. I would have a family, in my opinion the highest one can achieve, and so too the highest you have achieved; I would be your equal; all old and ever new shame and tyranny would be mere history. It would be like a fairy tale, but precisely there does the questionable element lie. It is too much; so much cannot be achieved. It is as if a person were a prisoner, and he had not only the intention to escape, which would perhaps be attainable, but also, and indeed simultaneously, the intention to rebuild the prison as a pleasure dome for himself. But if he escapes, he cannot rebuild, and if he rebuilds, he cannot escape. If I, in the particular unhappy relationship in which I stand to you, want to become independent, I must do something that will have, if possible, no connection with you at all; though marrying is the greatest thing of all and provides the most honorable independence, it is also at the same time in the closest relation to you. To try to get out of all this has therefore a touch of madness about it, and every attempt is almost punished with it.

It is precisely this close relation that partly lures me toward marrying. I picture the equality which

die dann zwischen uns entstehen würde und die Du verstehen könntest wie keine andere, eben deshalb so schön, weil ich dann ein freier, dankbarer, schuldloser, aufrechter Sohn sein, Du ein unbedrückter, untyrannischer, mitfühlender, zufriedener Vater sein könntest. Aber zu dem Zweck müsste eben alles Geschehene ungeschehen gemacht, das heisst wir selbst ausgestrichen werden.

So wie wir aber sind, ist mir das Heiraten dadurch verschlossen, dass es gerade Dein eigenstes Gebiet ist. Manchmal stelle ich mir die Erdkarte ausgespannt und Dich quer über sie hin ausgestreckt vor. Und es ist mir dann, als kämen für mein Leben nur die Gegenden in Betracht, die Du entweder nicht bedeckst oder die nicht in Deiner Reichweite liegen. Und das sind entsprechend der Vorstellung, die ich von Deiner Grösse habe, nicht viele und nicht sehr trostreiche Gegenden und besonders die Ehe ist nicht darunter.

Schon dieser Vergleich beweist, dass ich keineswegs sagen will, Du hättest mich durch Dein Beispiel aus der Ehe, so etwa wie aus dem Geschäft, verjagt. Im Gegenteil, trotz aller fernen Ähnlichkeit. Ich hatte in Euerer Ehe eine in vielem mustergültige Ehe vor mir, mustergültig in Treue, gegenseitiger Hilfe, Kinderzahl, und selbst als dann die Kinder gross wurden und immer mehr den Frieden störten, blieb die Ehe als solche davon unberührt. Gerade an diesem Beispiel bildete sich vielleicht auch mein hoher Begriff von der Ehe; dass das Verlangen nach der Ehe ohnmächtig war, hatte eben andere Gründe. Sie lagen in Deinem Verhältnis zu den Kindern, von dem ja der ganze Brief handelt.

Es gibt eine Meinung, nach der die Angst vor der Ehe manchmal davon herrührt, dass man fürchtet, die Kinder würden einem später das heimzahlen, was man selbst an

would then arise between us—and which you would be able to understand better than any other form of equality—as so beautiful because then I could be a free, grateful, guiltless, upright son, and you could be an untroubled, untyrannical, sympathetic, contented father. But to this end everything that ever happened would have to be undone, that is, we ourselves should have to be cancelled out.

But we being what we are, marrying is barred to me because it is your very own domain. Sometimes I imagine the map of the world spread out and you stretched diagonally across it. And I feel as if I could consider living in only those regions that either are not covered by you or are not within your reach. And in keeping with the conception I have of your magnitude, these are not many and not very comforting regions—and marriage is not among them.

This very comparison proves that I certainly do not mean to say that you drove me away from marriage by your example, as you had driven me away from your business. Quite the contrary, despite the remote similarity. In your marriage I had before me what was, in many ways, a model marriage, a model in constancy, mutual help, number of children; and even when the children grew up and increasingly disturbed the peace, the marriage as such remained undisturbed. Perhaps I formed my high idea of marriage on this model; the desire for marriage was powerless for other reasons. These lay in your relation to your children, which is, after all, what this whole letter is about.

There is a view according to which fear of marriage sometimes has its source in a fear that one's children would some day pay one back for the sins one has

den eigenen Eltern gesündigt hat. Das hat, glaube ich, in meinem Fall keine sehr grosse Bedeutung, denn mein Schuldbewusstsein stammt ja eigentlich von Dir und ist auch zu sehr von seiner Einzigartigkeit durchdrungen, ja dieses Gefühl der Einzigartigkeit gehört zu seinem quälenden Wesen, eine Wiederholung ist unausdenkbar. Immerhin muss ich sagen, dass mir ein solcher stummer, dumpfer, trockener, verfallener Sohn unerträglich wäre, ich würde wohl, wenn keine andere Möglichkeit wäre, vor ihm fliehen, auswandern, wie Du es erst wegen meiner Heirat machen wolltest. Also mitbeeinflusst mag ich bei meiner Heiratsunfähigkeit auch davon sein.

Viel wichtiger aber ist dabei die Angst um mich. Das ist so zu verstehn: Ich habe schon angedeutet, dass ich im Schreiben und in dem, was damit zusammenhängt, kleine Selbständigkeitsversuche, Fluchtversuche mit allerkleinstem Erfolg gemacht, sie werden kaum weiterführen, vieles bestätigt mir das. Trotzdem ist es meine Pflicht oder vielmehr es besteht mein Leben darin, über ihnen zu wachen, keine Gefahr, die ich abwehren kann, ja keine Möglichkeit einer solchen Gefahr an sie herankommen zu lassen. Die Ehe ist die Möglichkeit einer solchen Gefahr, allerdings auch die Möglichkeit der grössten Förderung, mir aber genügt, dass es die Möglichkeit einer Gefahr ist. Was würde ich dann anfangen, wenn es doch eine Gefahr wäre! Wie könnte ich in der Ehe weiterleben in dem vielleicht unbeweisbaren, aber jedenfalls unwiderleglichen Gefühl dieser Gefahr! Demgegenüber kann ich zwar schwanken, aber der schliessliche Ausgang ist gewiss, ich muss verzichten. Der Vergleich von dem Sperling in der Hand und der Taube auf dem Dach passt hier nur sehr entfernt. In der Hand habe ich nichts, auf dem Dach ist alles und doch muss ich—so entscheiden es die Kampfverhältnisse und

committed against one's own parents. This, I believe, has no very great significance in my case, for my sense of guilt actually originates in you, and is filled with such conviction of its uniqueness—indeed, this feeling of uniqueness is an essential part of its tormenting nature—that any repetition is unthinkable. All the same, I must say that I should find such a mute, glum, dry, doomed son unbearable; I dare say that, if there were no other possibility, I should flee from him, emigrate, as you meant to do only because of my marriage. And this may also have had some influence on my incapacity to marry.

What is much more important in all this, however, is the anxiety about myself. This has to be understood as follows: I have already indicated that in my writing, and in everything connected with it, I have made some attempts at independence, attempts at escape, with the very smallest of success; they will scarcely lead any farther; much confirms this for me. Nevertheless it is my duty or, rather, the essence of my life, to watch over them, to let no danger that I can avert, indeed no possibility of such a danger, approach them. Marriage bears the possibility of such a danger, though also the possibility of the greatest help; for me, however, it is enough that there is the possibility of a danger. What should I do if it did turn out to be a danger! How could I continue living in matrimony in the perhaps undemonstrable, but nevertheless irrefutable impression of this danger? Faced with this I may waver, but the final outcome is certain: I must renounce. The simile of the bird in the hand and the two in the bush has only a very remote application here. In my hand I have nothing, in the bush is

die Lebensnot—das Nichts wählen. Ähnlich habe ich ja auch bei der Berufswahl wählen müssen.

Das wichtigste Ehehindernis aber ist die schon unausrottbare Überzeugung, dass zur Familienerhaltung und gar zu ihrer Führung alles das notwendig gehört, was ich an Dir erkannt habe, und zwar alles zusammen, Gutes und Schlechtes, so wie es organisch in Dir vereinigt ist, also Stärke und Verhöhnung des anderen, Gesundheit und eine gewisse Masslosigkeit, Redebegabung und Unzulänglichkeit, Selbstvertrauen und Unzufriedenheit mit jedem anderen, Weltüberlegenheit und Tyrannei, Menschenkenntnis und Misstrauen gegenüber den meisten, dann auch Vorzüge ohne jeden Nachteil wie Fleiss, Ausdauer, Geistesgegenwart, Unerschrockenheit. Von alledem hatte ich vergleichsweise fast nichts oder nur sehr wenig und damit wollte ich zu heiraten wagen, während ich doch sah, dass selbst Du in der Ehe schwer zu kämpfen hattest und gegenüber den Kindern sogar versagtest? Diese Frage stellte ich mir natürlich nicht ausdrücklich und beantworte sie nicht ausdrücklich, sonst hätte sich ja das gewöhnliche Denken der Sache bemächtigt und mir andere Männer gezeigt, welche anders sind als Du (um in der Nähe einen von Dir sehr verschiedenen zu nennen: Onkel Richard) und doch geheiratet haben und wenigstens darunter nicht zusammengebrochen sind, was schon sehr viel ist und mir reichlich genügt hätte. Aber diese Frage stellte ich eben nicht, sondern erlebte sie von Kindheit an. Ich prüfte mich ja nicht erst gegenüber der Ehe, sondern gegenüber jeder Kleinigkeit; gegenüber jeder Kleinigkeit überzeugtest Du mich durch Dein Beispiel und durch Deine Erziehung, so wie ich es zu beschreiben versucht habe, von meiner Unfähigkeit, und was bei jeder Kleinigkeit stimmte und

everything, and yet—so it is decided by the conditions of battle and the exigency of life—I must choose the nothing. I had to make a similar choice when I chose my profession.

The most important obstacle to marriage, however, is the no longer eradicable conviction that what is essential to the support of a family and especially to its guidance, is what I have recognized in you; and indeed everything rolled into one, good and bad, as it is organically combined in you—strength, and scorn of others, health, and a certain immoderation, eloquence and inadequacy, self-confidence and dissatisfaction with everyone else, a worldly wisdom and tyranny, knowledge of human nature and mistrust of most people; then also good qualities without any drawback, such as industry, endurance, presence of mind, and fearlessness. By comparison I had almost nothing or very little of all this; and was it on this basis that I wanted to risk marrying, when I could see for myself that even you had to fight hard in marriage and, where the children were concerned, had even failed? Of course, I did not put this question to myself in so many words and I did not answer it in so many words; otherwise everyday thinking would have taken over and shown me other men who are different from you (to name one, near at hand, who is very different from you: Uncle Richard) and yet have married and have at least not collapsed under the strain, which is in itself a great deal and would have been quite enough for me. But I did not ask this question, I lived it from childhood on. I tested myself not only when faced with marriage, but in the face of every trifle; in the face of every trifle you by your example and your method of upbringing convinced me, as I have tried to

Dir recht gab, musste natürlich ungeheuerlich stimmen vor dem Grössten, also vor der Ehe. Bis zu den Heiratsversuchen bin ich aufgewachsen etwa wie ein Geschäftsmann, der zwar mit Sorgen und schlimmen Ahnungen, aber ohne genaue Buchführung in den Tag hineinlebt. Er hat ein paar kleine Gewinne, die er infolge ihrer Seltenheit in seiner Vorstellung immerfort hätschelt und übertreibt, und sonst nur tägliche Verluste. Alles wird eingetragen, aber niemals bilanziert. Jetzt kommt der Zwang zur Bilanz, das heisst der Heiratsversuch. Und es ist bei den grossen Summen, mit denen hier zu rechnen ist, so, als ob niemals auch nur der kleinste Gewinn gewesen wäre, alles eine einzige grosse Schuld. Und jetzt heirate, ohne wahnsinnig zu werden!

So endet mein bisheriges Leben mit Dir, und solche Aussichten trägt es in sich für die Zukunft.

Du könntest, wenn Du meine Begründung der Furcht, die ich vor Dir habe, überblickst, antworten: "Du behauptest, ich mache es mir leicht, wenn ich mein Verhältnis zu Dir einfach durch Dein Verschulden erkläre, ich aber glaube, dass Du trotz äusserlicher Anstrengung es Dir zumindest nicht schwerer, aber viel einträglicher machst. Zuerst lehnst auch Du jede Schuld und Verantwortung von Dir ab, darin ist also unser Verfahren das gleiche. Während ich aber dann so offen, wie ich es auch meine, die alleinige Schuld Dir zuschreibe, willst Du gleichzeitig 'übergescheit' und 'überzärtlich' sein und auch mich von jeder Schuld freisprechen. Natürlich gelingt Dir das letztere nur scheinbar (mehr willst Du ja auch nicht), und es ergibt sich zwischen den Zeilen trotz aller 'Redensarten' von Wesen und Natur und Gegensatz und Hilflosigkeit, dass eigentlich ich der Angreifer gewesen bin,

describe, of my incapacity; and what turned out to be true of every trifle and proved you right, had to be fearfully true of the greatest thing of all: of marriage. Up to the time of my marriage attempts I grew up more or less like a businessman who lives from day to day, with worries and forebodings, but without keeping proper accounts. He makes a few small profits —which he constantly pampers and exaggerates in his imagination because of their rarity—but otherwise he has daily losses. Everything is entered, but never balanced. Now comes the necessity of drawing a balance, that is, the attempt at marriage. And with the large sums that have to be taken into account here it is as though there had never been even the smallest profit, everything one single great liability. And now marry without going mad!

That is what my life with you has been like up to now, and these are the prospects inherent in it for the future.

If you look at the reasons I offer for the fear I have of you, you might answer: "You maintain I make things easy for myself by explaining my relation to you simply as being your fault, but I believe that despite your outward effort, you do not make things more difficult for yourself, but much more profitable. At first you too repudiate all guilt and responsibility; in this our methods are the same. But whereas I then at-tribute the sole guilt to you as frankly as I mean it, you want to be 'overly clever' and 'overly affectionate' at the same time and acquit me also of all guilt. Of course, in the latter you only seem to succeed (and more you do not even want), and what appears be-tween the lines, in spite of all the 'turns of phrase' about character and nature and antagonism and help-lessness, is that actually I have been the aggressor,

während alles, was Du getrieben hast, nur Selbstwehr war.
Jetzt hättest Du also schon durch Deine Unaufrichtigkeit
genug erreicht, denn Du hast dreierlei bewiesen, erstens
dass Du unschuldig bist, zweitens dass ich schuldig bin und
drittens dass Du aus lauter Grossartigkeit bereit bist, nicht
nur mir zu verzeihn, sondern, was mehr und weniger ist,
auch noch zu beweisen und es selbst glauben zu wollen,
dass ich, allerdings entgegen der Wahrheit, auch unschuldig bin. Das könnte Dir jetzt schon genügen, aber es genügt Dir noch nicht. Du hast es Dir nämlich in den Kopf
gesetzt, ganz und gar von mir leben zu wollen. Ich gebe
zu, dass wir miteinander kämpfen, aber es gibt zweierlei
Kampf. Den ritterlichen Kampf, wo sich die Kräfte selb-
ständiger Gegner messen, jeder bleibt für sich, verliert für
sich, siegt für sich. Und den Kampf des Ungeziefers, welches nicht nur sticht, sondern gleich auch zu seiner Lebens-
erhaltung das Blut saugt. Das ist ja der eigentliche Berufs-
soldat und das bist Du. Lebensuntüchtig bist Du; um es
Dir aber darin bequem, sorgenlos und ohne Selbstvorwürfe
einrichten zu können, beweist Du, dass ich alle Deine
Lebenstüchtigkeit Dir genommen und in meine Taschen
gesteckt habe. Was kümmert es Dich jetzt, wenn Du lebensuntüchtig bist, ich habe ja die Verantwortung, Du
aber streckst Dich ruhig aus und lässt Dich, körperlich
und geistig, von mir durchs Leben schleifen. Ein Beispiel:
Als Du letzthin heiraten wolltest, wolltest Du, das gibst
Du ja in diesem Brief zu, gleichzeitig nicht heiraten, wolltest aber, um Dich nicht anstrengen zu müssen, dass ich
Dir zum Nichtheiraten verhelfe, indem ich wegen der
'Schande', die die Verbindung meinem Namen machen
würde, Dir diese Heirat verbiete. Das fiel mir nun aber gar
nicht ein. Erstens wollte ich Dir hier wie auch sonst nie
'in Deinem Glück hinderlich sein', und zweitens will ich
niemals einen derartigen Vorwurf von meinem Kind zu

while everything you were up to was self-defense. By
now you would have achieved enough by your very
insincerity, for you have proved three things: first,
that you are not guilty; second, that I am the guilty
one; and third, that out of sheer magnanimity you are
ready not only to forgive me but (what is both more
and less) also to prove and be willing to believe yourself that—contrary to the truth—I also am not guilty.
That ought to be enough for you now, but it is still
not enough. You have put it into your head to live
entirely off me. I admit that we fight with each other,
but there are two kinds of combat. The chivalrous
combat, in which independent opponents pit their
strength against each other, each on his own, each
losing on his own, each winning on his own. And
there is the combat of vermin, which not only sting
but, on top of it, suck your blood in order to sustain
their own life. That's what the real professional soldier
is, and that's what you are. You are unfit for life;
to make life comfortable for yourself, without worries
and without self-reproaches, you prove that I have
taken your fitness away from you and put it in my own
pocket. Why should it bother you that you are unfit
for life, since I have the responsibility for it, while you
calmly stretch out and let yourself be hauled through
life, physically and mentally, by me. For example:
when you recently wanted to marry, you wanted—and
this you do, after all, admit in this letter—at the same
time not to marry, but in order not to have to exert
yourself you wanted me to help you with this not-
marrying, by forbidding this marriage because of the
'disgrace' this union would bring upon my name. I
did not dream of it. First, in this as in everything else
I never wanted to be 'an obstacle to your happiness,'

hören bekommen. Hat mir aber die Selbstüberwindung, mit der ich Dir die Heirat freistellte, etwas geholfen? Nicht das Geringste. Meine Abneigung gegen die Heirat hätte sie nicht verhindert, im Gegenteil, es wäre an sich noch ein Anreiz mehr für Dich gewesen, das Mädchen zu heiraten, denn der 'Fluchtversuch', wie Du Dich ausdrückst, wäre ja dadurch vollkommen geworden. Und meine Erlaubnis zur Heirat hat Deine Vorwürfe nicht verhindert, denn Du beweist ja, dass ich auf jeden Fall an Deinem Nichtheiraten schuld bin. Im Grunde aber hast Du hier und in allem anderen für mich nichts anderes bewiesen, als dass alle meine Vorwürfe berechtigt waren und dass unter ihnen noch ein besonders berechtiger Vorwurf gefehlt hat, nämlich der Vorwurf der Unaufrichtigkeit, der Liebedienerei, des Schmarotzertums. Wenn ich nicht sehr irre, schmarotzest Du an mir auch noch mit diesem Brief als solchem."

Darauf antworte ich, dass zunächst dieser ganze Einwurf, der sich zum Teil auch gegen Dich kehren lässt, nicht von Dir stammt, sondern eben von mir. So gross ist ja nicht einmal Dein Misstrauen gegen andere, wie mein Selbstmisstrauen, zu dem Du mich erzogen hast. Eine gewisse Berechtigung des Einwurfes, der ja auch noch an sich zur Charakterisierung unseres Verhältnisses Neues beiträgt, leugne ich nicht. So können natürlich die Dinge in Wirklichkeit nicht aneinanderpassen, wie die Beweise in meinem Brief, das Leben ist mehr als ein Geduldspiel; aber mit der Korrektur, die sich durch diesen Einwurf ergibt, einer Korrektur, die ich im einzelnen weder ausführen kann noch will, ist meiner Meinung nach doch etwas der Wahrheit so sehr Angenähertes erreicht, dass es uns beide ein wenig beruhigen und Leben und Sterben leichter machen kann.

Franz

and second, I never want to have to hear such a reproach from my child. But did the self-restraint with which I left the marriage up to you do me any good? Not in the least. My aversion to your marriage would not have prevented it; on the contrary, it would have been an added incentive for you to marry the girl, for it would have made the 'attempt at escape,' as you put it, complete. And my consent to your marriage did not prevent your reproaches, for you prove that I am in any case to blame for your not marrying. Basically, however, in this as in everything else you have only proved to me that all my reproaches were justified, and that one especially justified charge was still missing: namely, the charge of insincerity, obsequiousness, and parasitism. If I am not very much mistaken, you are preying on me even with this letter itself."

My answer to this is that, after all, this whole rejoinder—which can partly also be turned against you—does not come from you, but from me. Not even your mistrust of others is as great as my self-mistrust, which you have bred in me. I do not deny a certain justification for this rejoinder, which in itself contributes new material to the characterization of our relationship. Naturally things cannot in reality fit together the way the evidence does in my letter; life is more than a Chinese puzzle. But with the correction made by this rejoinder—a correction I neither can nor will elaborate in detail—in my opinion something has been achieved which so closely approximates the truth that it might reassure us both a little and make our living and our dying easier.

Franz

PUBLISHER'S NOTE

Franz Kafka wrote this letter in November, 1919. Max Brod relates that Kafka actually gave the letter to his mother to hand to his father, hoping it might renew a relationship that had lost itself in tension and frustration on both sides. Yet Kafka's probing of the deep flaw in the relationship spared neither his father nor himself, and his cry for understanding has an undertone of despair. He could not help seeing the gulf between father and son as another moment in the universal predicament depicted in so much of his work. Probably realizing the futility of her son's gesture, the mother did not deliver the letter, but returned it to the author.

The original was typewritten by Kafka, and corrections are in his hand. The script has 45 pages, with an average of 34 lines. An additional two and one-half handwritten pages complete the text. The German text presented here is reproduced without any abbreviation or change in wording; the punctuation has been supplemented slightly.

A brief note on certain names and expressions: Kafka's mother was a member of the Löwy family, which Kafka characterized as "odd, shy, quiet people," obstinate, sensitive, restless, imbued with a sense of justice. His sisters were Elli, Valli, and Ottla. "Ottla's Zürau escapade" refers to her taking over the management of a farm in the German-Bohemian town of Zürau. Kafka stayed with her there for some time during his illness in 1917–18. All three sisters perished in the Nazi holocaust. Elli's husband was Karl, and Felix and Gerti were their children; Pepa was another relative.

"The proverb of the dog and its fleas" refers to the German saying, "He who lies down with dogs gets up with fleas."

Pavlatche is the Czech word for the long balcony in the inner courtyard of old Austrian houses.